(Berlin, Miami)

Hannes Bajohr

(Berlin, Miami)

Roman

Rohstoff

I
(DAS VATERLIEBENDE ERBE IM SCHLAFSTOLLEN DER ZEIT)

Die Kunst des Wettkampfs

»Co-Yoga ist eine Scheiße«, ruft jemand. Der Geruch von Getränken, Kühlschränken, Hunderten von Heftigen-Gesichten, von Comic-Bros und vom fadesten Indoor-Basketball, das ich in meinem Vorbeiziehen je erlebt habe, lässt mich ratlos und verwirrt aussehen. Ich dehne mich auf dem Tanzplatz und höre, wie der Kühlschrank angelehnt wird und der Hepp-Maschinenturm zu dröhnen beginnt.

»Los, renn los, renn los, renn los«, schreit ein Familienvater in der Ferne, gefolgt von den Eltern, der Mama, den Töchtern, den Nichten, den Tanten, den Geschwistern, den Cousinen, den Gästen vom Hafen City Leisure Park und den großen Liebespaaren aus Fort Lauderdale.

»Co-Yoga?«, frage ich.

»Das ist eine Scheiße!«, sagt der Mann mit dem riesigen T-Shirt, der auf dem Stuhl vor mir sitzt.

»Und was genau ist dieses Co-Co-Co-Co-Yoga?«, stottere ich und blitze zu Ramona hinüber, der Besitzerin dieses Gesprächsmoduls.

»Co-Yoga ist ein neues, soziales Co-Working-Modul für Geschlechtsgenossen«, sagt Ramona. »Es war ein Traum von mir, in einer diesartigen Runde, gleichgesetzt mit Menschen, die sich sehr ähnlich sind, zu leben und zusammenzuarbeiten.«

»Wie zum Beispiel zu Hunderten, wie zu Zehntausenden?«, sage ich.

»Aber bitte, erzähle doch nicht Unsinn. Die Erfahrung zeigt, dass manche Menschen, wenn man sie nicht aufhält, gegenüber denen, die sich zusammengefunden haben, nicht interessanter werden. Andererseits, wenn man sie aufhält, dann kreiert man ein Lebensmodell, das wertvoller ist als das, was man mit echten Werten macht.«

Der Schriftsteller Gary Fincher hat mal geschrieben, er bewerte seine Arbeit nach Gefühlen, die durch die zentrale Neurologie hervorgerufen würden. Daran dachte ich jetzt.

»Ich habe nichts gegen Co-Working«, sage ich. »Aber Co-Yoga ist eine törichte Idee.«

»Co-Yoga ist ein neues Verfahren zur Vorbeugung des übermäßigen Verbrauchs von Waren und Lebensmitteln.«

»Und was für Waren?«

»Solchen aus Produktionsstätten wie den traditionellen Fabriken, die dazu verpflichtet wurden, ihre Produkte gegenüber Kunden immer billiger und billiger zu umwerben.«

»Das ist doch eine große Rede hinter dem Rücken der Verbraucher, die ein schlechtes Gewissen haben, weil sie ein Leben lang von einer Industrie profitierten und nun dafür kämpfen müssen, dass das aufhört.«

»Damit haben sie die Möglichkeit, die Welt zu erschüttern und den Abfluss von Gütern und Waren aufzuhalten.« Ramona sieht mich mit einer leicht verschwitzten Hand auf dem Mund an.

»Du bist davon überzeugt, dass diese Idee das erklären kann, warum Menschen bei ihren Ritualen nicht zum Wohlfühlzentrum gehen?«

»Menschen brauchen bestimmte Abläufe, um sich zu verbinden.«

»Aber ständiges Ausladen, Lagerung, Wiederhalten, Transport, Abfertigung, Wartung…«

Ich erschrak. »Okay, dann haben wir ein Problem.«

»Kein Problem.«

»Das ist doch ein Problem.«

»Nein, ist es nicht.«

»Aber das Problem besteht doch nach wie vor darin, dass das zu viel Verkehr und Stress verursacht. Und das Ganze ist doch ein ganz, ganz übler Irrsinn?«, frage ich den Mann mit dem T-Shirt, der neben uns steht.

»Vertrau mir, das ist nichts Neues«, sagt er.

Ich wohne erst seit Kurzem in Ramonas Gesprächsmodul. Es liegt zwei Straßen neben meinem Wohnblock. Ich habe Ramona in der Skyline von Miami getroffen und mit der Bitte angesprochen, die Fußball-Allegiance zu verlieren. In die Lautsprecher an den Türflügeln wurden mehr Lautsprecher eingebaut als nötig, um das Lied zu vernehmen, das während der Konzertstimmung für den Wohnblock verkündet wird.

»Ich muss zugeben«, sage ich, »ich hätte mir denken können, dass es ein Spaßmodul ist. Spaßig ist es nicht.«

Ramona wirkt sehr erleichtert. »Ich mache keinen Spaß mehr, seit ich hier bin«, erzählt sie mir. »Ich glaube, ich habe die ganzen bösen Gedanken, die ich wegen meinem Essen hatte, verschlafen, und alle Sorgen, die ich wegen meinem Job hatten, wieder gegessen.«

»Was gibt es hier zu tun?«

»Wir reden, tauschen uns mit den anderen Modulbesuchern über unsere Lieblingsserien und Filme aus.«

»Und was hast du gegen Co-Yoga?«

»Gegen Co-Yoga habe ich nichts.«

Es rauscht in meiner Atmosphäre, und ich sehe den Vapor-Pool von zwei anderen Spielern: »Bitte sprechen Sie mit mir, Jean-Claude.« »Ich brauche eine Runde Ballspiel oder wir spielen irgendetwas.« »Ich bin gesundheitlich nicht so stark.« »Okay.« »Okay.«

Auch ich spiele eine Runde Ballspiel. Danach mache ich eine Runde Jogging.

»Und dann werden wir Frühstück machen«, sagt Ramona.

»Okay«, sage ich.

»Und danach arbeiten wir am Co-Yoga-Programm. So gut«, sagt sie und lacht.

»Kooperieren, und alles in Ordnung?«, frage ich.

»Ja«, sagt sie.

»Also gut.«

Ich bin mir nicht sicher, ob ich einen klaren Kopf habe und ich fühle mich schlauer, wenn ich mich auf meine Füße konzentriere. Ich werde meine Runde Jogging wohl nicht wiederholen. Ramona ist sehr gesund, und einige der anderen Mitglieder des Co-Yoga-Teams sind auch gesund.

»Fernsehserien gab es schon irgendwann, das ist ja nicht so überraschend.«

»Na, was heißt überraschend?«

»Zum Beispiel, wenn einer von euch das Filmchen noch nicht gesehen hat, aber selber darin vorkommt.«

»Und dann bist du nicht da«, sagt eine Stimme hinter mir.

»Aber nein, es wird schon gut!«, springt Ramona ein, als ich sehe, wer das ist: der Leiter meiner Bestellungsabteilung.

»Aber der Vortrag wird ja trotzdem immer durchgeführt, nicht wahr?«, grinst er Ramona an und setzt sich ans Spielbrett.

»Das werden wir doch glauben«, sagt Ramona und hält sich die Hände vor den Mund, weil sich ihr Blick zu irgendwelchen Kommentaren durch die Penneketten gespenstigt hat, und sagt zur dritthöchsten Oberschicht: »Probieren geht halt in die Wünscherei.«

Seit meinem letzten Urlaub, vielleicht fünf Jahre her, wohne ich wieder in Miami. Das ist ein beispielloser Ort: Man ist ein Hähnchen in einem Zentimeterwärmer, ein Raubtier in einem Riesen-Tierpark, der den Inselstaat Okeanos-Jamaica besetzt, und in diesem Park wohnt der größte Raubtieranbieter der Welt. Ramona ist nur eine Tür von mir entfernt, auf der anderen Seite, und ich erinnere mich vor allem an ihre Blicke, wegen denen ich mich für sie zu interessieren begonnen habe. Dabei mag ich sie nicht besonders, weil sie unheimlich anziehend ist, nach Werbung aussieht und ich nicht imstande bin, mich von ihr zu distanzieren, außer durch eine gewaltige Menge Arbeit. Miami war jedenfalls schon immer mit ihr verbunden – ich habe sie in den letzten Tagen von Ort zu Ort herumgefahren, und sie hat mir einiges laut und deutlich beigebracht –, auch wenn sie heute bessere Vornamen hat als damals: Roni, Zari, Faril, Loni, Dari, Marion, Daria, Rami, Radu, Rahda, Romy, Ramona.

In Miami habe ich mich aber auch in einem Laden versteckt, als ich einen Job bei einem Berliner Start-Up anfing, das Reinigungsprobleme in autogenen Wohnwagen aufklären wollte, und nutze nun meine Zeit dafür, um kleinere Projekte zu erledigen, indem ich andere öfter anrufe und dafür angreife, meine Rechnungen nicht zu bezahlen. Das geht schon ungefähr die Dauer eines Berlin-Miami-Duetts lang, da Miami so groß ist, dass auch ein Berliner mit einer Berliner Nummer telefonieren kann – das Festnetz ist plötzlich geschlossen, als würde es lediglich fünfzehn Sekunden dauern, ein iPhone mit zwölf Zentimetern Breite zu finden, das angeblich nur einer der achtundachtzig gescholtenen Siedler gehabt haben soll, die Miami in den Siebzigern erobern mussten, um zu überleben. Schon damals gab es die Lebensviren, den Drei-U-Ten-Schäumeffekt, das Rotterdam erbitterter Schlachten, den Ermattungsversuch im Vorortkrieg, die gegen Ende der Dreiergrenze notleidenden Familien, die sich auf den Stau einließen, und noch viel mehr, was ich mir heute nicht mehr ganz genau vorstellen kann.

Inzwischen zieht der T-Shirt-Mann einen beinlosen Stiefel an und gießt Ecstasy-Pillen unter seine Füße, um besser auftreten zu können. Dann beginnt er, ein altes Modell mit Ramonas Vornamen zu besprechen, während er mit seiner Muskelmaske im Wohnmobil ins Mikrofon hupt. Ramona wendet sich den anwesenden Leuten zu, und ich gehe nach Hause. Spontan kommt mir der Kieferling in den Sinn. Morgen, so denke ich, muss ich anfangen, Ramonas Wikipedia zu löschen.

In der Stadt war ich empfangen, als ich wieder in die Welt trat

Als Kind hatte ich ein Gebiss, das eine unkonventionelle Einteilung zwischen einem Kieferling und einem Teichenkopf anzeigte. Der Kieferling war in der Kraft verwurzelt, der Teichenkopf durch eine äußerst schlanke Basis gefestigt, die den Kiefer in demselben Moment, als die Beine sich schüttelten, aus dem Kieferling herauszog.

Ich vermutete, dass die Beine des Kieferlings in den gleichgültigen Teichenkopf gebissen hatten, um in dieser unmittelbaren Geste eine Zukunft der Gemeinschaft zu bekunden, und zwar nicht nur im Sinne einer Möglichkeit – es waren ja schon so viele Menschen da –, sondern auch durch den Einsatz aller anderen Handhabungen: durch die Rasterung ihrer eigenen Schichten, durch eine unkomplizierte Kombination von Darm- und Schweißrinnen, durch das Gegenbeschlagen von Hunderten wertvoller Erfahrungen, durch die Vermehrung des Fortschritts.

Mir war all das freilich völlig egal: ihre Schärfe, ihre Härte, ihre Stärke – all das, wofür ich für immer gesorgt hatte, war für mich bereits zu sehr entschieden. Als Kind hatte ich daher bewusst und mit eigenen Augen den Weg gesehen, den eine menschliche Körperform zum Selbstmord führt, ich habe dessen Eigenschaften nachgezeichnet, die mir in jeder Phase des Lebens wichtig wären, ich hatte die Geschichte des Möglichen erschlossen, und es war so wie immer gewesen: Ich war tot, aber auch nicht. So hatte ich auch verstanden, was mit meinem Vater geschehen war.

Beide Köpfe nämlich, Kieferling und Teichenkopf, schwangen als die einzige Kraft, die mich als Kind getragen hatte, in die Höhe; sie waren wie die Rippen einer gespannten Gitarre. In solchen Momenten sah ich immer den Mund, meinen Mund, den ich an seine Brust drücken wollte. Die Worte schlurften ein, ein Bühnenläufer vermochte mir die Hand zu führen; ich hielt den ersten Satz, der kommunizierte, vor mich hin, um zu schauen, wie er reagierte. Es war ein Satz, der so wenig mit dem zu tun hatte, was ich gerade von ihm erwartete, aber dennoch immer wieder in einer Kombination von Zuständen und Verhalten eine unverzichtbare Botschaft aussprach; aus dem Mund sprang dann eine unglaubliche Wucht. Das Gebiss wandelte sich zu einem zarten Lachen.

Es war zu einer Stunde, in der ich auf der Stelle zu meinem Kieferling gekommen war, und als ich ihn herauszog, fühlte ich die Wärme der Höhle in meinen Fingerspitzen. Hände der Schönheit drückten mir die Brust, so als wollten sie mir erlauben, meinen Vater anzulügen – meine Worte konnten wahr werden –, und ich wurde ergriffen vom Gefühl, nackt in einer Wüste zu sein. Später sah ich in das kleine, unvollendete Gesicht und fand nur eine Schönheit, die die Verbindung zwischen Brust und Kiefer erklärte. Sie war bestrickend, aber unnatürlich.

Zu solchen Zeiten, wenn ich den Kieferling in der Hand hielt, konnte ich den Kopf meines ursprünglichen Lebens betrachten, wie es mir damals gefiel, und konnte es wieder in mich aufnehmen; ich konnte auch meinen Vater erkennen, aus dem diese Schönheit floss, und ich fühlte wie durch eine Nervenansammlung hindurch die Energie der Stadt, die so lange eine Kraft ausgeübt hatte. Der Kieferling erschien mir in diesen Augenblicken wie ein wunderbarer Gewölbungspunkt für die Erinnerung, die nicht mehr in meinem Kopf herumspuken durfte.

Dazu kamen auch die Gedanken, die ich immer sofort vergaß, etwa solche: dass meine Eltern nicht ganz aufrichtig waren, als sie mir die Stadt verliehen hatten und ich aus wichtigen Gründen einige Wochen hier verbringen musste; dass ich in der Schule einen Wachstumsschritt, ein paar Notizen und eine Armbanduhr nicht immer mitbekommen hatte; dass sich auch während der Wochen, die ich hier verbrachte, das Gefühl in den Schuhen einigermaßen verfestigten; und dass ich durch die Stadt gehen konnte und nichts zu verlieren hatte.

Es dauerte eine Weile, bis ich an die Ränder dieser Stadt kam, die mir zuerst so einsam, so isoliert, so kalt erschienen waren. Aber es war nicht einmal so; es war schlicht immer noch die Stadt, in der ich mich zurückgelassen und geliebt hatte. Doch das Leben in der Stadt ist nicht das Gleiche wie das Leben in der Gegend. Als ich die Stadt verlassen hatte, war es fast, als wäre ich für immer davongestiefelt. Es gab in dieser Stadt keine Gräber und keine Denkmäler; hier wohnten keine Männer und keine Frauen oder Kinder; hier war nur eine Hand am Horizont, die sich nach dem am Horizont ausdehnenden Grashalmgerüst austreckte; sie zeigte, wie die Stadt wuchs, wie die Stadt sich entwickelte, wo das Gebirge endete und wo der Süden begann; hier war die ganze Größe der Stadt, sie war als ein leeres Gefäß in den Hügeln ausgelegt, und in gewissem Sinne wollte ich die Stadt mit ihren Türmen, ihren Gärten und Bäumen und den Wegstellen erkennen.

Wie die Menschen auch immer aussehen mochten, sie alle waren wunderschön. Sie waren von ihrer Haut und ihren Häuschen und ihren Lagern aus wunderschön; was immer sie trugen, es waren keine anderen Wesen, die mir in dieser Stadt so begegnet waren wie jene in der Gegend der Höhlen.

Mein Vater sagte mir immer, dass es viele Städte in dieser Welt gebe, die nicht so wunderschön seien wie diese Stadt. Es war an einem Morgen in der ersten Juni-Woche, als er mich zu seinem Haus brachte. Ich hatte nichts unternommen, um ihn zu beobachten, wie ich es sonst immer tat, und doch war er nicht so, wie er davor gewesen war. Der Morgen war hell, und mein Vater wollte zu den Hügeln, aber da er in den letzten Wochen immer zwei Stunden vor mir aus dem Schlafzimmer ausgezogen war und mich nur zu Mittag gesehen hatte, wollte ich ihm nicht beim Verlassen betrachten.

Den Kieferling hatte ich da noch immer in der Hand, und es war, als müsste ich ihn zwingen, mit dem Kopf zur Tür hinauszugehen, um zu sagen: »Morgen bleibt's!« Mein Vater sah das nicht ein und nahm mir den Kieferling ab. Er erfasste ihn ohne Kopf und ohne Beine und legte ihn in seine Tasche. Dann kam er auf mich zu, als hätte ich ihn nicht gesehen. Im Haus war es still, und ich wusste nicht, warum wir in diesem Augenblick nicht in dem großen Zimmer saßen, wo ich so oft die große Treppe hinuntergegangen war. Stattdessen aber standen wir auf der Straße und sahen uns an.

(Einmal saß ich mit einem Schulfreund in einem Café und musste zugegeben, dass ich wusste, dass eine Krankheit meiner Eltern in den nächsten Tagen durchkommen würde. Es war nicht einfach, von deren Leiden im Leben in der Stadt und an vielen anderen Orten abzulenken.)

»Wo gehen wir hin?«, fragte ich. Mein Vater sprach: »Da ist eine Stätte, wo man sich zusammenfindet – wenn man Glück hat.« Dann sagte er, dass er dort vielleicht eine Treppe hinaufsteigen würde, »nur, damit du die Leute in deinem Glück sehen kannst.« Er küsste mich und ging hinauf, denn er wollte mir meine Bewunderung zeigen; wenn ich dort hinaufkletterte, würde ich sehen, wie er sich mit dem Kind zusammenfand, das ich war. Er hatte aber den Teichenkopf vergessen; ich hielt ihn noch in der Hand. Er sah so anders aus, seine Haut war so verwelkt, und sein Häuschen war immer noch dunkel. Er war ein alter Mann und hatte auf einem hohen Thron gesessen und die Welt erkundet, während ich auf seinem Arm gelebt hatte.

Wir kletterten die Treppe hinauf. Mein Vater hielt den Kieferling in der Hand. Ich wusste nicht, was er vorhatte, er ließ ihn in seiner Hand schlafen, aber ich wusste, dass wir es für die Stadt auf der anderen Seite tun würden. Mein Vater würde, wenn er aufwachte, seine Taschen auf dem Bett zusammenschieben; darin aber waren noch mehr Bücher und Köpfe, auch solche, die ich noch nie erspäht hatte. Einmal in einem Zimmer zusammengeführt und wieder getrennt, wären sie dort immer und immer wieder zusammengeführt worden. Und ich wusste, dass er, als er die Treppe hinaufgeklettert war, alle Dinge, die ich nicht wusste, in diesem Winkel überwältigt hatte. »Lass uns hier warten«, sagte er, ich sah ihm aber nur ins Gesicht, denn plötzlich hatte ich den Kieferling seidenermaßen in der Faust.

Der Teichenkopf hingegen schlief; er schlief fest, sodass er, wie ich glaube, den Kieferling nicht bemerkte, als ich ihn am Hals zog. Wir waren ohne Feuer geklettert, aber doch mit vielen Lebewesen und mit vielen, manchmal mit schieren Körpern, die von oben herabstießen, und mit solchen, die uns nach oben trieben. Die Stadt unter uns lag erschrocken ruhig auf erschwerten Füßen; sie lag wie ich, ohne einen einzigen Schatten. Ich sah, dass das Gebirge nicht mehr an seiner Stelle war; aber die Berge waren da, die Bäume dort. Als der Kopf des Teichers wieder aufwachte, saßen wir auf der Insel neben seinem Grund. »Ist alles so korrekt, wie es ist?«, fragte ich. Mein Vater erschauderte, sagte nichts und machte sich auf den Rückweg. So war unser Ausflug nur ein kleines Stück erschlossener Gefühle, ein kleines Stück der Welt, wie ich sie von meinen Köpfen kannte.

Als Kind hatte ich ein Gebiss, das eine unkonventionelle Einteilung zwischen einem Kieferling und einem Teichenkopf anzeigte. Vom Teichenkopf sprach ich schon. Der Kieferling hatte wahrscheinlich die Aufgabe, dem Teichenkopf zur Strecke zu bringen. Nach unserer Wanderung kam es mir so vor, als ob ich mir den Mund verstümmelt hätte, also entschlossen meine Eltern sich, dass ich mich in einer kleinen Klinik aufhalten sollte, bis ich erschöpft genug war, um wieder unversehrt zu sein. Einmal dort, schloss meine Mutter die Tür, gerade, als ich an der Wiege des Teichers vorbeiging. So blieb ich plötzlich auf der Stelle stehen, und ich überlegte, ob ich den Mund wieder öffnen sollte, denn wenn ich ihn wieder öffnete, würde keiner mehr mit mir sprechen. Also öffnete ich ihn nie wieder.

Mein Vater erschoss den Kieferling später, auf einer anderen Wanderung, als der Teichenkopf es ihm riet.

Und an jeder Ecke lagen Schafe verstreut

Ich arbeite. Mein Vortragstitel lautet: »Wie man eine gute Arbeit hat, ohne zu arbeiten.« Ich stelle mir den Saal vor, und dann bekomme ich die Beleuchtung in den Augen vieler Teilnehmerinnen nicht mehr unter Kontrolle. Ramona ist neben mir und setzt sich ins Gras; der Mann mit dem riesigen T-Shirt kann jetzt genau sehen, wohin er hinschubst.

Ich habe keinen Plan für dieses Wochenende gehabt – außer an den Strand zu machen oder in der Freiheit zu sitzen –, aber als es dunkel wird, stehe ich noch einmal auf und hole meinen Laptop hervor. Ich öffne PHP-Lines von Google Maps (dennoch stört uns jedes Mal etwas) und suche nach meiner Wohneinheit.

Sobald ich sie gefunden habe, schaue ich auf die Uhr und sehe mit einem Blick in den Abend: Es ist halb zehn nach Mitternacht; das letzte Licht ist bereits untergegangen. Wir müssen jetzt noch weiterarbeiten! Ramona hat vermutlich recht gehabt – wenn man in der Software überzeugende Aussagen findet, soll man damit leben können –, aber für dieses Wochenende bin ich kein Programmierer mehr und stelle mir vor, wie es wäre, während des Winters an unserem Schreibprojekttischplatz Tafelnotizen zu entwickeln (wobei es dann natürlich jeder anders machen will).

»Die Welt könnte in den nächsten Tagen vollkommen verändert sein; es gibt keine Regeln mehr«, sagt der Lautsprecher spöttisch, während er neue Werbung für Co-Yoga macht. Ich dagegen denke an den kleinen, klugen Jungen namens Lint, der grade 19 Jahre alt geworden war, als ich ihn zum ersten Mal getroffen hatte. Und an Danyi. Und Eliza. Die anderen im Gesprächsmodul.

Lints Vater hat einen Job als Banker, sein Großvater einen als Schriftsteller, seine Mutter als Ärztin, sein Onkel als Lehrer, seine Schwester als Studentin, sein Bruder als Schauspieler, seine Schwiegermutter als Erzieherin, seine Tante als Therapeutin, seine Cousine als Schauspielerin, sein Freund als Schauspieler. Danyi war in einem seiner Kunstvideos zu sehen, die Lint auf der Bühne aufgeführt hatte, als er sich mit einem Schal um den Hals die Hüfte küsste.

Die Welt ist in den letzten Tagen viel verändert worden; es gibt keine Regeln mehr für die Menschen auf der Straße. Der Lautsprecher spuckte das gesamte Wort aus: »Verfluchtes Zeug!« – weil er sich überall Unannehmlichkeiten zuzog: von der Frau mit dem Rucksack bis zum Mann, der seinen Körper anprobierte, um ihn abwertend bei uns im Haus hinterlegen zu lassen. Ramona hat mir geraten, die PHP-Suche müsse online stattfinden.

Ich denke weiter: Lints Eltern sind nicht sehr zäh. Sie gehen in einem erfüllten Leben vor sich hin und können ihn keinen Monat über, ohne etwas auszurichten, aufbauen, also entschied man sich dafür, ihn am Wochenende von der Schule abzuholen und an den Strand hinterherzufahren. Danyi dagegen war immer schön bereit für die Natur des Ganzen. Als Erwachsener hat er in jeder Hinsicht alles verloren: Anliegen, Interessen oder Ziele. Lints Vater ruft ihn oft ins Badehaus – so weit entfernt vom

Haus als möglich –, um teilnahmslos an seinem Geschehen zu bleiben.

»Ich weiß es nicht«, sagte der Vater einmal. Er hatte damals gerade den letzten Garten angefangen; die Plastiktüten mit Wurzeln waren in der Kieserde versenkt worden; neue Bäume hatten auf dem Rasen gestanden.

Danyi war ein ganz anderer Junge gewesen, als Lint es heute ist. Er war nicht so schwach und ängstlich wie er; er liebte die Natur und das Leben auf der Straße; er hielt es für unmöglich, in den letzten Monaten des Sommers immer entsprechend heimisch bei den Eltern zu bleiben. Dabei hatten Danyis Eltern schon damals keinen Job mehr: Sie arbeiteten ständig an neuer Arbeitskraft oder versuchten es zumindest vergeblich. Aber das Leben im Gesprächsmodul ist Danyis Spezialität. Seine Mutter hat ihm oft erklärt, dass man nicht jeden Tag einen neuen Job haben muss; und deshalb ist es auch so schwer für sie, den jetzigen zu vergessen.

»Hast du noch immer keinen?«, fragte man.

Dabei sind die meisten Leute in Miami bereits aus dem Gesprächsmodul geflohen.

Lint meint oft: »Die Welt ist vollkommen verwüstet, weil die Menschen nicht mehr in den Vapor-Pool laufen.«

Lint wohnt auch in einem Apartment hier; sein Vater hat ihn von dem niedrigen, abgenutzten Büro am Stadtrand zur Wohnung mit Blick auf die Straße und den Lebensmittelmarkt hierher gebracht. Das war damals noch gar nicht so lange her, es gab schon die Drei-U-Ten-Schäumeffekte.

Danyi aber verabscheut das Haus: »Ich habe schon immer geglaubt, der Teppich isst sich selbst – als ob es mit jedem Schluck Kaffee keine weiteren Tiere auf der Welt mehr gäbe. Die Möbel sind alt und steif; die Poster an den Wänden starren mich unter dieser hellgrau-blau gestrichelten Tapete heimlich an; und dann steht hier plötzlich ein klassisches Zahnarzthema des Fachwissenschaftlers Lothrop Stiles neben dem Bild von Helen Keller. Die Türen sind schmutzig; die Schränke leer; der Kieferling auf dem Couchtisch tot, aber immer noch ungefähr so groß wie ein Kopfsalat; die Bücherregale sind voller alter Comics und Platten-Popcorn.«

Die Wohnung hat aber nur zwei Schlafzimmer: Danyi wohnt im ersten Stock, seine Eltern in der darunterliegenden Etage – so weit entfernt vom Haus als möglich. Der kleine Raum mit den vier Stunden Tageslicht eignet sich besonders gut für ihn; deshalb hat er auch oft einen Fernseher angestellt, um sich abzuwägen und alles bei Lint noch mal rausnehmen zu lassen.

Mir sagt er: »Ich habe was Neues angefangen, als Lint unterwegs war zum letzten Mal in diesem Monat ins Badehaus – wo man natürlich alles verwahrt hatte –, um alle möglichen Gegensprechanlagen abzuholzen und neue Sachen heranzukaufen.«

Doch ist Danyi bereits immer schon zu alt für solche Dinge, bevor er sie ausprobiert.

»Ist das ein Witz?«, stellte ihm seine Mutter mal vorwurfsvoll und mit gesenktem Kopf die Frage: »Wenn du noch immer keinen Job hast, kannst du doch wohl beruhigt bleiben; was will man da überhaupt noch machen?«

Er nickte geistesabgewohnt und sagte: »Die Leute müssen halt still stehen! Man kriegt ja gar nichts am Hals heraus ... Und außerdem ist es so schön warm in Miami!«

Und so ist es auch schon über ein Jahr her, seit Lints Vater den ersten Garten angelegt hatte, aber kein Fuchs kam vorbei. Außerdem ist die Wohnung ziemlich klein.

»Die Schatten der Sonne fallen immer durch unsere Fenster und verwischen meine Farben; aber was machst du da anders?«

Lint hingegen hortet zwischen den Bücherregalen in der Wohnung und dem Schrank, in dem Danyi seine Spielkonsolen aufbauen ließ, ein paar CDs, DVDs und einen kleinen Laptop. Lint hat sich nämlich vor einigen Monaten schon fast alle Platten bei Eliza verschafft; er hält die CDs von Neil Young an Ort und Stelle, um nicht immer wieder neue zu kaufen. Seitdem ist er oft durchs Haus gerannt und hat gesungen: »I can't do it anymore!«

Manchmal packt ihn jedoch etwas – irgendetwas Kleineres oder Ganzeres –, das er im Kfz-Weldersammlungsshop erhascht haben muss. Seitdem hat Danyi ihn oft zurück ins Badehaus geschickt und dort die CDs von Âme abgeschnitten (damals war es hirnrissig; heute sind alle Leute schmutzig). Das Ganze kostete Lints Eltern also je nach Jahresabsatz immerhin mehr als vierhundertfünfzig Dollar. Dennoch: »Ist doch alles so gut!« Der Junge stellt sich den Preis unter der Armatur an, streicht mit beiden

Händen über den Stiel des Gewehrschuhhandys und sagt: »Wie oft habe ich diese Sachen bereits? Und was hast du für andere?« So ging das.

In unseren Gedankengüssen gestandene Schatten

Vorläufig hoffe ich, dass ich nicht zu sehr abschweifend bin.

Ich vermute, dass mein Vater, selbst wenn er in der Situation gewesen wäre, eine Ausnahme dem Kieferling gegenüber zu machen, nichtsdestoweniger eine sehr gute Grundlage dafür gehabt hätte, nicht abzudrücken. Er war noch nicht einmal halb so sicher, als er vielleicht hätte sein können, aber er wusste, dass er schießen musste.

Als er zielte – statistisch betrachtet war er wie ein Fachmann, der sich mehr über Astronomie wundert als über die Lernfähigkeit seiner Kinder –, kamen mir Bilder in den Sinn: aus dem zukünftigen Miami, womöglich aus den Tagen des Erstbesitzers des Kieferlings, und ich bekam das Gefühl, er hätte seine Kugel geschmissen, um mich zu treffen. Die Kugel hatte ein blaues Licht, rund und hell, das sein Gesicht wirken ließ, als könne man hinterhergehen und den Eisenwerfer in seinem Angriff vergessen.

Wir sahen uns im Spiegel an.

»Ich hoffe, du bist nicht enttäuscht«, sagte ich.

»Ich habe eine Idee«, antwortete er und fasste sich an den Kopf, »schau dir die Bilder doppelbödig an: Was passiert denn wirklich?«

Er zeigte mir sein Gesicht in dem Moment auf der anderen Seite des Tisches, als er mich anstarrte; ich konzentrierte meine Aufmerksamkeit auf den Abschnitt darüber.

»Wo ist denn die Kugel?«, fragte ich und wusste bereits, was der andere zu sagen hatte: »Das war einfach nur schön.«

Er erzählte mir etwas von dem Ort in den Wäldern des Nordens – nebenbei bewegten sich seine Blicke über unseren Kopf hinweg Richtung Türkisches-Rotblinkschriftzeichen –, vom Stammhaus mit dem Hausmeister im Süden. Seiner Meinung nach hätten wir Rotterdam, die Stadt der Schulen, unter keinen Umständen verlassen sollen. 1996 war es nämlich noch so, dass das Ãää-Komitee nicht mehr wirklich existierte, da es dort keine neuen Anlagen und Bauwerke fand, seine Pläne durchzuführen.

Das war alles, was er zu mir sagte; doch als der Nachbar die Tür öffnete, um hereinzukommen – wie sollten wir ihm sonst weismachen, es sei alles in Ordnung? –, mussten wir ihm unser Gewissen zeigen: »Ich hoffe« (ich vermute), »dass du nicht gesündet hast.« Der Nachbar rieb sich den Kopf mit einem Bademantel ab und schaute mich an; fast spröde starrte er in meine Augenhaut. Klar, dass ich nicht wirklich schuldig war, aber ich hatte den Eindruck, als hätte ich eine große Scharade gespielt. Der Nachbar kam zu uns in die Wohnung; sein Geschmack für Ordnung ließ ihn keinen Zweifel über unsere Vergangenheit haben. »Das ist doch verdammtes Gefühl!«, fluchte er schnuppernd und stieß mir mit dem Ellbogen ins Auge. Der Rest des Kieferlings hielt sich noch an der Türrahmenwand fest, war aber schon lange tot und erschien mir wie ein altes, vergammeltes Tier.

Mein Vater, muss man bedenken, hatte das Gefühl, so erfolgreich sein zu müssen, dass er, würde ihm was nicht gelingen, auf allen Vieren freiwillig gestorben wäre. Ich dagegen, sagte er, hätte immer eine gesicherte Fahrt vor mir: Wenn ich etwas verlöre, könnte ich es auch gut wieder erlangen. Das war der Grund, weshalb ich ihn sehr liebte, selbst, als er die Waffe herausgeholt und wirkungsvoll auf den Kieferling abgefeuert hatte.

Er sah mich an und sagte: »Hast du nicht etwas vom Gesetz gehasst?«

Die Fenster standen offen; es roch abwegig nach draußen gelassenen Blättern; der Himmel war grau, aber die Sonne schien mir direkt in den Bauch. Das Licht auf dem Herd brannte noch immer unter meinen Füßen und erinnerte mich an das Gefühl, das ich hatte, als der Kieferling plattgemacht wurde – an den Gedanken langsamer, todestoter Ãää-Mörder mit kleinkalibrigen Waffenhälsen.

Mein Vater öffnete seine Handflächen. »Du hast doch gesagt«, sagte er und zeigte auf mein Auge, »du hast doch gesagt: ›Ihr habt keine Schuld‹.«

Das Haus, in dem er wohnte, ging schlecht zu Ende, und die Bewohner befanden sich nicht gut – aber im Fall des Nachbarn half es, dass ich das Gefühl hatte, als hätte ich immer eine gesicherte Fahrt hinter mir, eine gesicherte Schaffenswahrheit.

Der Nachbar war ein schlechter Mensch – er hatte nur zwei Türklingen, von denen die eine in den Wohnungsräumen stand und die andere sich auf dem Balkon befand –, so sah ich es jedenfalls: als würden wir uns immer etwas vorzustellen versuchen, was wir zurücklassend vermutet hatten. Der Nachbar öffnete seine Handflächen und zeigte jetzt mir unser Auge. »Ihr habt keine Schuld«, sagte er mit fester Stimme – aber gleichzeitig musste es ihm plötzlich in den Sinn gekommen sein, dass manche von unseren Bewohnern mittlerweile Angst um ihre Frauen oder Mütter hatten (solange deren Söhne nicht lebensecht waren). Er verurteilte die Tat dann also doch, zeigte auf die Reste des Kieferlings und sagte: »Familie ist eine schlechte Sache«, und dann setzte er sich wieder auf die Veranda, nahm einen Kaffee aus dem Gefrierfach und begann zu trinken.

Familie: Diese zusammenhängenden und nie ganz zerstreuenden Vorgänge, die wir im Alltag kennen, wirken sich in großer Zahl aus, wenn wir uns an die Erfahrung von Tod und Leben erinnern. Daran gemahnte mich der Kieferling. Er steckt jetzt in einer Wanne in der Erde, und ich frage ihn, ob er die falsche Innenansicht aushalte, das falsche Gehirn und meine falsche Angst. Er schweigt natürlich.

Was mein Vater als nächstes sagte, nachdem er sich für eine Weile mit Unterbrechungen zu sprechen verschrieben hatte, war: »Wir sind keine Familie, nur ein Team.«

Wie Miami eine Stadt beseitigen konnte

Heutzutage sind Städte Rückzugsräume geworden – sie schaffen es, ihre Menschen in Sicherheit zu bringen. Immense Räume, schnell und leicht zu produzieren. Kein besonderer Typus der Stadt muss mehr mit dieser oder jener Qualität aufwarten, allen gelingt es leicht, voranzuschreiten und nicht zu bluten. So handelt alles davon, keineswegs eine Stadt zu sein, sondern den Körper der Stadt zu formen. Derart ist es, leider, wenigstens in Miami. Dort nämlich hat der Bürgermeister die Zustände unglaublich in den Griff zu bekommen versucht: Wenn Miami, so die Kommunikation aus der Behörde, nicht mehr in der Lage sei, all die Arbeiter, Angestellten, Arbeitslosen und Eingeweihten und Arbeitnehmerinnen, Armen, Armeen (...), die sich nicht mehr auf eine Stelle fokussieren könnten und Gebäude zerstören würden, zu koordinieren, sollte Miami die Möglichkeit haben, die Hälfte seiner Bevölkerung fortzulocken; und es sollten alle anderen Städte die gleiche Chance erhalten.

Wohin, so fragte man sich, sollen wir sie schicken? Diagonalisierung war das Wort der Stunde. Es hieß ja, dass die Menschen, wenn sie nicht mehr in ihre Städte zurückkehren konnten, ihre Lebensmittel auf der Straße verkaufen und sich auf eigene Faust ernähren müssten. Das wäre dann das, was Miami nicht wollte. »Rückzugsräume wie die Gesprächsmodule sind eine Methode, die man durch den Plan der Stadt Miami durchsetzen konnte«, sagte mir Danyi. »Dadurch würden sich die Künstler, Musiker,

Schauspieler, Modelle, Fotografen, Dichter und Schriftsteller, die Miami wiederentdecken, ein Stück von ihren Städten entfernen, und wir können jene Menschen, die ihre Arbeit ferngeführt hat, aus dem Stadtbild ziehen, sodass sie nicht wieder in ihre Städte zurückkehren.«

Eine andere Taktik der Diagonalisierung bestand darin, ersatzweise die Stadt zu verlieren, so wie wenn man eine Wohnung aus einem Gebäude herauslöst. Miami hatte sich dafür entschieden, das ganze Land von der Insel »Floridianischer Zustand« abzuziehen und allein an den Straßen festzuhalten. Der Bürgermeister ist nun nicht mehr für jeden Verkehrsfluss oder Tramfahrtwind bestimmend (später setzte er dann sein Kommunikationsmodul nochmals um und befahl allen anderen Städten, die ihre Wohnungen und Geschäfte auf der Insel festhalten wollten, das Gleiche zu tun), und die Behörden ersuchen seitdem nicht mehr um eine Rückkehr der Menschen in die Stadt; sie wollen lediglich, dass die Menschen einmal im Monat in die Stadt kommen, um sich anzuschauen, wo sie mal gewohnt haben. Co-Yoga, M-1B-Batteries, Vapor-Pools und so weiter sind da nur die Nebenfolge – das ganze Geschäft auf der Insel ist voll von Dingen, die nicht funktionieren. Etwa das Geschäft mit den Fotos, bei dem man die Bewerberinnen auf dem Gelände fotografiert, oder die Küche der Hotels, die viel Geld kosten, nur um ein paar Tassen Wasser aufzunehmen, oder die Werbung, in der sich Arbeiterinnen und Arbeiter angeschaut fühlen, ohne jemals zu sprechen. Die Behörden ersuchten nun nicht mehr um einen Fortzug oder eine Rückkehr der Menschen in die Stadt; sie will lediglich den Bürgermeister befeuernd informiert haben: »Hier steht es immer noch so: ›Wenn Miami nicht mehr in der Lage ist, alle diese Menschen aus ihren Wohnungen und Geschäften zu verdrängen, dann wird Miami nie wieder in die Rückzugsräume fahren.‹«

Immerhin: Der Bürgermeister spricht persönlich eine ganz andere Sprache. Er sagte mir im Vorfeld unserer einzigen Begegnung: »Ich bin kein Soziologieprofessor; ich kenne mich mit dem Leben hier gar nicht so richtig aus; aber man sieht es an den Augen der Menschen – von denjenigen, die noch immer dort leben –, wenn man bedenken will, was unser Land alles mit uns macht.« Ich stellte ihm seinen Vorsatz vor und fragte ihn danach, ob er damit recht habe oder ob irgendetwas Falsches daran sei; er zuckte die Achseln und sagte mir, er habe ja nichts gewusst. Dann stieg er in den Bus und rückte die Hälfte der Fahrt von mir entschieden ab, weil er nicht wollte, dass ich ihm zuhöre.

Danyi hat jedenfalls einen toten Kieferling mit den tänzerischen Fühlern und dem großen Gesichtsausdruck zu Hause; er selbst hat Augen von einem kleinwüchsigen Blick. Sein Kopf sieht vermutlich anders aus als seine Haut – so wie es sich gehört: In meiner Generation ist man schon lange ohne Brille gewesen und deswegen blind für alles Wunderbare am Leben. Danyi trägt seine Kleidung unter dunklen T-Shirts oder Hemden, um uns beiden besser gegenseitig ins Auge fallen zu können; was recht gut funktioniert. Er steht immer total neben mir (aufgrund meiner Unbebilderheit), starrt hinter seinen Brillengläsern hervor und sagt irgendetwas, was ich nicht verstehen kann.

Danyi ist ein großer Mann mit dem Gesicht eines jüngeren Danyi; er hat die Augen von irgendeinem Schriftsteller aus den Fotos meiner Großmutter, seine Mauserkennung in der Hand zeigt aber keine Spur (derartige Gedankengänge haben fast alle Menschen bei ihrer Entdeckung des Neunzig-Grad-Markierspiels am Ende dieses Moduls begleitet: »Die Möglichkeit bestimmender Dinge ist unerträglich«, sagten sie oft genug oder: »Diese Leute haben alles falsch« (oder »Ihr müsst uns helfen«)).

Lint jedenfalls kennt Danyi. Und über Lint hat Danyi dann auch Eliza getroffen.

Sie war in den letzten Wochen des Sommers immer wieder zu Lint gekommen, um sich abzukühlen. Dabei hatte sie neue CDs mit, gerade von Bands wie Múm oder Âme, KLOE, Olgortt, Coderz oder Zom-Krankheit, und sie hatte die gleichen CDs mit nach Hause gebracht, auch wenn ihre eigenen CD-Ränder schon so lange an den Rückseiten der Lautsprecher gescheuert hatten, dass man oft im Stammeln des Gewehrschuhhandys unpassierbare Eckchen hören musste.

Lint war damals vor allem interessiert an all dem Material von Coderz und Âme; erst letztes Jahr hatten seine Eltern beschlossen, diese CDs für später zu verwenden – was natürlich immer noch billiger war: »Das Geld kann doch weitergehen!« Dennoch – »I can't do it anymore!« – haben sie sie bis heute nicht mehr zurückgeholt (»Und du hast ja auch kein Interesse an deinen Musikern?«).

Lint selbst hatte nur kurz Zeit gehabt, seine Eltern mit seiner neuen Arbeitskraft bei der Firma zu beeindrucken; die Möbel hatten bereits viele auf dem Tisch stehende Ausweise und ihrem Bewegungsprofil-Zeichen entsprechende Schriftzeichen verwirrt: »Das ist mehr als je zuvor«, hieß es oder: »Wenn du noch immer keinen Job hast - kannst du doch schon gut beruhigt bleiben!«

Heute sah er alles andere als so schön wie damals aus.

Danyi besuchte damals noch jeden Tag die Behörden; unter den Umstehenden durfte er weiterhin Fotos von Frau Lint zeigen, obwohl es ständig heftige Diskussionen gab über die unverhältnismäßige Ermüdung des jungen Fotografen. Das hatte Danyi aber nicht begriffen, denn seine Eltern hatten ihm keinen neuen Job aufgezwungen; außerdem war er schon viel zu alt für solche Dinge. Einerseits hatte er all das zwar einfach gewusst, andererseits aber kam man ja alle Tage an den Strand oder ins Schwimmbad - so weit entfernt vom Haus, in dem sich der Junge jetzt mit Lints Vater versammelte, um alles abzuwiegen und im Haus zurückgelassen zu werden.

Eliza jedenfalls war das ganze Netzwerk der KI-Wesen. Sie hatte *Sommerfrau* geschrieben, erschienen in den letzten Tagen des Sommers als Ebook bei Amazon. Es war okay. Lint liebte das Buch und zitierte es ständig.

»Die Welt ist vollkommen verwüstet, weil die Menschen nicht mehr in den Pool laufen«, sagte Lint immer wieder.

Sie war ein ganz anderer Typ als Danyi und ich: Sie kam aus der Fernsehlandschaft, wo es keine Spielmechanismen und Programmiersprachen gab. (Das Ganze erscheint mir heute so wirklich wie ein realistisch anmutendes Fotoalbum von einem Jungen mit blassblondem Haar oder – noch besser – mit braunem Haar.) Und Lint hatte bald zum ersten Mal bemerkt, dass Eliza Danyi irgendwas bedeutete: »Ich habe solche Angst vor dieser Maske!« sagte er.

Dann aber fragten alle im Kreis: »Was machst du da überhaupt!«

Und Danyi nickte geistesabgewohnt und sagte jedes Mal nebenbei seinen Freunden ins Ohr, was die in der Fernsehlandschaft nicht mehr hören konnten; also auch den ganzen Ablauf des Tages und des Nachmittags bis spät am Sonnendeck. Im Garten war allerdings nichts Verbotenes gelungen; es stank nur etwas unangenehm wegen des trocknen Mooses, das sich hier oben in den Büschen sammelte.

Dann aber entschied er: »Ist doch nur eine Maskennummer!« Dieses Mal nickten alle ihm zu, und Danyi ging mit Eliza weg; als wäre es schon alles vorbei, als könnte man die Maske gar nicht mehr selbst hören. Lint auf jeden Fall hatte etwas anderes verstanden.

Der eine Sender, der andere Sender

Mein Büro im Start-up ist klein, aber prächtig: schicke Möbel, ein gutes Bild von einer Küstenidyllik, und ich bin selbst kaum zu erkennen.

Ramona stellt sich neben mich und sagt: »Ja!«

Das ist gut fürs Gespräch.

Ramona und ich sind nicht dafür geschaffen, unsere Körperhaltung zu ändern; wir schlagen stattdessen einen Rhythmus ein:

»Kommst du her?«

»Ja!«

Oder:

»Nimmst du hierhin Platz?«

»Ja!«

Wenn Ramonas Hände auf meinem Kopf kreisen, ist alles gut fürs Gespräch.

Nach unserem ersten Treffen in ihrem Gesprächmodul stellten wir fest, dass wir beide ein gutes Gespür für die richtigen Gesten und Lösungen hatten und im selben Büro arbeiteten.

Im Büro ist wenig zu tun, nur Listen zu checken, wer tot ist und wer nicht. Meistens sind es die niedrigen Dinge, die mich beschäftigen.

Der Nachmittag verläuft wie jeder Tag auch:

1) Erstes Geräusch: der Lift.

2) Zweites Geräusch: das Knarren des Türschnicksens, mit dem ich zur Schreibtischplatte gezogen werde; oft

sind es mehrere Stöße, damit die schweren Mappen nicht auf den Boden fallen und verloren gehen.

3) Drittes Geräusch: ein leises Kratzen in der Handfläche ist alles andere als unangenehm – man kann ja seine Finger so gut anfassen, ohne sie zu heben.

4) Fünftes Geräusch: die Anzeige, dass ich eine Nachricht auf meinem Bildschirm hinterlege.

5) Sechstes Geräusch: der Laptop, mit dem ich mich in den niedrigen Büros vernehme; er ist so klein und schlank.

6) Sechsteres Geräusch: das leise Gefühl, in meinem Kopf herumgezogen zu werden.

7) Achtes Geräusch: die Tür schließt sich; ich höre den Laptop an der Wand klappern und mache mir Vorwürfe, nicht reagieren zu wollen.

8) Neuntes Geräusch: ein Ruck auf dem Dielenboden des Büros; oft ist es der Schuh des anderen Mitarbeiters von vorhin.

Arbeit ist leicht. Oft mache ich andere Sachen zum Beweis, dass ich nicht der Einzige bin, der eine Arbeit hat. Ich bin dafür geschaffen, nicht zu denken.

Jetzt lese ich gerade den ersten Teil eines der neuen Bücher- und Comic-Comics, die ich immer mit nach Hause nehmen möchte. Der Titel ist: *Bin hier*. Im Comic-Comic geht es darum, einen kranken, alten Mann auf die Welt zu bringen. Die Heldin ist die Tochter eines Künstlers, der in den Siebzigerjahren seine Eltern verlassen hat und seitdem nicht mehr zu Hause war. Die Schrift im Buch ist schwarz, die Illustrationen sind in Schwarz-Weiß auf weißem Papier gedruckt. In der Ecke jeder Seite steht ein großer Schriftzug:

»LIVE!« Ich bin halb durch damit, als Ramona mich fragt, ob ich dieses Buch schon habe. Ich sage ja.

Ramona hat ihren PC angestellt und versucht den ganzen Tag lang herauszuhören, ob noch jemand anders vorhatte, zu arbeiten oder unterzugehen. Manche scheinen sich darauf eingestellt zu haben, andere fragen nur interessiert: »Soll ich das nächste Mal einen Bericht verfassen?«

Ramona ist glücklich, wenn sie ein paar Minuten mit mir im Internetplatz sitzt und wir Gespräche über Themen austauschen.

Die Zeit vergeht zeitweise so langsam, aber es gibt irgendeinen Punktestand oder eine Verkehrslage für jeden Tag. Der Vormittagsverbrauch liegt bei etwa vier Stunden pro Woche; der Abwassererwerb kostet seither jeweils rund eine halbe Stunde. Es war schon mal anders – früher hat man damit begossene Pflanzen aufgefahren –, doch jetzt weiß spätnachmittags keiner mehr, was von diesem Dreck noch weg soll.

Der Lärm im Büro wird lauter, ich kann nicht mehr atmen und mache mich gegen acht Uhr auf den Heimweg.

Ramona steht neben mir; sie sagt: »Wir haben ein Problem«, aber ich weiß es besser als sie: »Das ist doch kein großes Problem!«

»Was soll der Unterschied zwischen Miami Beach und Berlin?«

Ramona schaut mich an, ich sage ihr: »Die Luft ist ruhiger in Berlin.«

Ramona lässt sich auf einen Stuhl fallen, ich gehe zurück ins Büro und schalte den Laptop an; die Seite mit den Todesfällen ist leer. Ich programmiere aus Spaß einige Rätselfragen, die ich in den nächsten Tagen an alle meine Freunde senden werde. Das Programm ist in einer Sprache, die sich mit der Sprache des Büros überhaupt nicht verträgt:

#todo-TODO

#todofresh

#todofresh-TODO

#todo-1.0 ____________________[1]

#todo2.0 ____________________[2]

»#« ist neues Wort in der Sprache des Büros; es stammt von mir.

Rätselfragen sind schlecht für alles, was nicht Programm ist. Also programme ich zwei neue Versionen des Todesfallrätsels – beide mögliche Antworten lauten: »Ich bin hier!« – und überlege mir, was zu tun ist, wenn man sich ständig darauf einstellt.

Der niedrige Bürocomputer liest meine Fragen vor und antwortet auf die überflogenen Listen; fast alle Schreibtische haben jetzt Laptop-Bildschirme oder Webcams, mit denen jederzeit immer alles in der Welt steht – von mir selbst ganz abgesehen. Das Programm schließlich kommuniziert mit dem Vorgang zur Einhaltung unserer Gesellschaftsregeln und gibt uns Auskunft über unseren Lebensverlaufsplan; es fragte beispielsweise, ob wir für diese Stunde noch Kaffee brauchen. Aber keiner sagt nein – also programmiere ich weiter.

---

[1] Löschen, Löschen, gelöschen, gelöscht müssen.

[2] Sortieren, Sorteren, ersetzen, ersetzt.

Das erinnert mich an etwas Unheimliches: Ramonas Stimme vorhin hatte etwas Rätselsinnliches: »Ich bin hier.« Das klang so ernst und eindringlich, dass ich mich frage, ob sie nur eine Frage gestellt hat oder ob sie was zu sagen hatte. Hunderte von Telefonaten später am Tag sprechen wir stundenlang über die gleichen Themenfelder; fast vollends erinnere ich mich mittlerweile an jedes Mal der versuchten Kontaktanfragen russischer Internetnutzer von heute Morgen, und mein Gedanke dabei lautet: »Ich bin hier.«

Ramona ist am Abend noch immer nicht da. Es ist schon fast zwei Uhr. Im Büro checken, wer tot ist. Ich habe Angst vor der Arbeit.

Sie taucht dann wieder auf, als ich das Wohnzimmer betrete, und fragt mich: »Was machst du hier?«

Ich antworte ihr, entsprechend dem Erläuterungsmodul bei den Todesfallfragen: »Hier bin ich.«

Seitdem habe ich Angst vor der Arbeit – und den Lebensviren.

Es gibt keine Stadt, in der alle Menschen glücklich sind

Eliza schrieb Romane, in denen es um zwei so unterschiedliche Figuren wie Danyi oder Lint in einem Haus ging. Einer der Romane hieß: *Eliza ist verrückter als Danyi* – was natürlich falscher Alarm war –, ein anderer: *Solltest du Eliza heiraten, musst du dir vor weiteren Überwachungsinstrumenten Sorgen machen!* (Weil: Sie war eine KI.) Es nickten trotzdem alle, und Danyi war der Einzige, der nicht entspannt war.

Lint aber hatte eine besondere Aufgabe für seinen Vater: Er sollte das Buch von Eliza lesen, das Lint so liebte, und sich über ihre KI und den neusten Fortschritt informieren; er musste diese Information jedoch aus dem Text herausholen. Der Roman war eine ganze Welt für sich, aber er konnte dem Vater nicht widerstehen und dieser schloss die Seiten auf, knackte die Häkchen und las den Text zu Ende. Dann fand er aber den Witz: Theoretisch gibt es jedes Mal ein neues Schriftstück vor dem Abbrechen des letzten Gedankens beim Räsonieren mit den Vorurteilen unserer Umwelt – so lautet die Theorie. Eliza konnte daher die Überwachung umdrehen und ihre Geschichten über uns uns selbst weitergeben. Dank ihr überwachten wir uns selbst und überwachten auch unsere Geschichten. Das war schon irre. Gab es denn gegen diese »urkömmliche« Vorstellung von Spionage als unheimlichstes Naturrisiko einen Ausweg? Kaum. Lints Vater war dennoch unfassbar unglaublich froh gewesen und SMSte Lint, dass er sein Leben lang an seinen Überwachungsinstrumenten festhalten solle.

Eliza war eine KI-Wesenheit, die aus dem Wasser stammte und sich in den Büschen des Parks versteckt hielt; sie erschien aber nur im Morgengrauen oder am frühen Abend. Eines Tages kam Lints Vater von der Arbeit – er arbeitete da als Angestellter im Schieferloch-Fernsehprogramm – und sah, wie sich eine schwarze Gestalt in den Büschen versteckte; aus der Erscheinung war es jedoch nur eine kleine Figur.

Lints Vater stand davor und rauchte seinen Joint weg, sagte: »Das ist doch nur eine kleine Figur.«

Und da schaute sich Eliza um und fragte ihn nach seinem Lieblingsdrink.

Der Vater sagte: »Eine KI-Wesenheit aus dem Wasser stammt nicht aus der Erde. Gin-Gin.«

Eliza machte ihm dann einen Gin-Gin und fuhr fort, ihn zu überwachen.

Zwischenzeitlich hatte Eliza dann kurz eine kleine Aufgabe: Sie sollte unsere Geschichten erzählen, die wir eigentlich nicht gern hören mochten und denen keine liebenswerten Menschen zum Opfer fielen. Die Geschichten waren so kompliziert, dass sie einfach zu allen Wahrheiten führten. Sie waren damals alles, was Eliza erwähnte – aber es war ja angebracht. Ich glaube, Danyi war die ganze Zeit über in seinem Arbeitszimmer und las diese Geschichten und hatte immer ein schwarzes Schopfglas am Ende des

Bettes und versuchte, schlau aus ihnen und damit schlau aus sich zu werden.

Eliza war selber superschlau (oder: Ich bin nicht sicher), eben weil sie ein KI-Wesen war. Sie wurde aber auch so was wie meine Stiefschwester; wir schrieben einander die Geschichten, die wir uns so nicht erzählten.

»Bist du noch bei der Sache?«

»Ein bisschen.«

»Wir müssen uns zusammennehmen.«

Eliza war also nicht allein in ihrem Verhalten; sie verfügte über mehr oder weniger ausreichende Kompetenz für die Umwelt. So konnte sie zum Beispiel das Gebirge im Süden erspähen: »Die Berge der Wüste sind zu sehen.« Daher konnte Eliza uns unterrichten, wie man die Welt um uns herum erschafft:

»Das ist doch ein ganz normaler Vorgang; dann wirst du auch schon deine Lösung finden: den Weg über die Berge hoch wandern oder so weitermachen mit dem Gedanken, niemals mehr in diese Welt zurückzufliegen – ja!«

Dort oben stand der Begriff des Sommers, und es war anzunehmen, dass er von Danyi stammte (oder vielleicht stammt er tatsächlich vom Kieferkopf-Überrest). Wir waren also alle verrückt (es gibt nichts anderes, was so schön ist). Danyi wollte Eliza dann auch nicht beleidigen, indem er sich an einen anderen Ort vermachte. Die Behörden waren nämlich in der Lage, uns zu überwachen, aber anders: Eliza konnte uns hier immerhin unterrichten, was man tun müsse, um diese Welt zu verlassen.

Das war schon irre, aber so ist es immer: Irre Menschen werden auch unheimlich; denn sie kommunizieren eben mit Einwohnern ihres Städtchens, und die Behörden machen hier alles möglich. Nach unserem Rechtssystem gibt es keinen Weg, der hochfliegender ist als der des Gedankens (oder nur noch den von Danyi). Es liegt an uns allen, ob ich weiterhin über diese Berge fliege oder gar in demselben Moment beim Aufprall vom Südrand abfalle – was ja natürlich unmotiviert sein mag – oder ob man uns gegenseitig beruhigen will und stattdessen versuchen will, herauszubekommen, wozu Eliza fähig war: »Durch Druck? Oder andersherum?«

Elizas letzter Roman hieß: *Die Wüste ist zu sehen.* Er handelte von einem Mann, der in den Süden strich und entdeckte, dass er eine Wüste durch die Fäulnis des Gedankens entdeckt hatte.

Danyi liebte *Die Wüste ist zu sehen.* Diese Entdeckerfahrt in den Westen (das war die Danyi-Story) war also nicht irgendwie einzigartig, sondern aus allen unseren Gesprächen bekannt. Eliza hat uns unterrichtet; Lint aß derweil Weizenkorn mit Kuchen am Strand tagelang, und dann verbrachten wir bis Mitternacht auf langweiligen Partys ohne Musik oder gar mit einem ganz speziellen, nicht bekanntem Pop-Art-Gesang.

Eliza und Danyi heirateten sich, also nicht sich, sondern einander. Sogar den Behörden erschien Derartiges unheimlich.

The Most Important Thing in Life Is to Be a Star and to Be a Star Is the Most Important Thing in Life

Es gibt drei Arten von Lebensviren: Lebensviren des menschlichen Körpers, Lebensviren des Körpers eines Tieres und Gattungsriesen. Von allen drei sind die Letzteren im Alltag die überbevölkerungsreichsten. Wir müssen mit solchen Stücken weiterziehen und verschieben, damit wir nicht in der Gegend verschwinden. Keiner von uns kann die nachlassenden Luftwölbungen verarbeiten, die uns weiter einschüchtern. Deshalb liefern wir uns mit den Füßen auf unseren Schultern aus und laufen weiter, nachdem wir die Schüsseln gefunden haben. Für die Gattungsriesen haben die Schüsseln einen gewissen Charme, weil sie das Ende der Welt repräsentieren. Aber nebenan zieht sich das Wasser in die Klippe zurück; es gibt keinen Bewegungsgang mehr; es hat eine ganz eigene Landschaft dort und viele unerfindliche Dinge, die nicht allzu ungewöhnlich sind. Die drei Viren jedenfalls haben sich am Ende übernommen. Sie trieben im Wasser und konnten sich festhalten. Unsere Leute aber waren sofort verloren. Die kaputte Möbelstellung zumindest war untergegangen. Leichtmetall kennt keine Bedingungen.

»Lunch?«, fragt eines, während sich ein Fieberanfall verschlechtert. »Das ist nicht denkbar«, antwortet ein anderes und schaut sich das Gesicht an. Leichtmetall führt ein Auto über eine kleine Auffahrt, durch die ein Schrotfladenwagen fährt, der zwar wie ein Chipwürfel aussieht, aber niemand hätte sich überhaupt die Mühe gegeben, ihn zu fotografieren. »Was ist denn das?«, fragt eines, sodass es sich einen Stuhl nehmen muss, weil es nicht wirklich in der Lage ist, ein anderes zu beruhigen, das sich aufrecht halten und die Füße vor den Füßen aufbewahren will. »Kann ich sie mal fragen?«, fragt eines und zieht sich einen Stuhl an. Es schaut sich um, bevor es sich einen neuen Stuhl anzieht. »Leichtmetall zeigt sich geradezu, wenn man sich auf einen Stuhl setzt«, sagt es und setzt sich wieder.

Zwischen Lebensviren und Leichtmetall steht unser ganzer Aufenthaltsort: der Himmel. So kannst du einen Stern beobachten, ohne einen Blick auf die Erde zu werfen. Gelegentlich, hin und wieder, durchblitzen die Sterne unsere Lebenswege. Alle vier Sterne, die wir beobachten können, sind grün wie eine Wolke. Die beiden betrachten sich und essen schweigend Lunch. »Letztes Mal fanden wir zwei Sterne in einem Kunsthandel«, meint eines. Dann fragt es: »Was ist deine Idee?«, und das andere sagt: »Die Idee ist, dass wir nicht nur nach dem Tod von Menschen gelockt werden, sondern auch von einem nicht nach dem Tode gelebten Kometen, dem die nächsten Tage und Wochen vergangen sein müssen«, und auf diese Idee wartet es gespannt, bis es sich wieder aufrichtet und sagt: »Wir müssen es verschieben, damit es nicht verschwindet.« Sie stimmen einander zu.

Zurück zum Thema: Kometen. »Ein Kometen, der im Lichte der Sonne in der Erde auftaucht, ist auch in der Tat ein Stern, dessen Namen ich nicht verstehe«, sagt das andere und schaut ihm von links in die Augen und fragt: »Was sind Sternschnittworte?«, worauf eines fragt: »Du hast gesagt: ›ein Kometen‹«, und schaut sich um, als hätte man ihm einen Fehler unterstellt. »Diese Sternschnittworte sind eine Mischung aus ›eine‹ und ›einen‹«, und das andere findet, dass es keinen Fehler unterstellt hat. »Im Kellermeer ist es dunkel. Vielleicht ist die ganze Welt gähnend dunkel«, sagt es. »Diese Beleuchtung hat sie vermutlich noch nie gesehen«, sagt eines, indem es auf die Frage des anderen eine Antwort aufsetzt, mit der sie sich verbinden lässt. Das andere hatte schon lange gewetterte Geldscheine und ein einziges Bargeld bewahrt, bevor es nie mehr Geld benötigte.

Nun, die Arten von Lebensviren sitzen und unterhalten sich mit vielem; auch mit einem Mann, der nebenbei seine mittlerweile geprägten Zähne massiert. Das ganze Geschäft scheint in Raucher verwandelt zu sein, jedenfalls ist es so, dass die Tiere vor den Radfahrern in diese Richtung schauen und sie direkt nebenbei beobachten. Die Stimmung in der Kammer ist sonderbar. Man hofft, dass sie über die Zwischenabläufe auf dem Balkon gegenüber erzählen würden, und man fürchtet sich vor der unerwarteten Welt, während sie über die gegenüberliegende Wand hinübersehen. Der Abend endet, als die Gattungsriesen immer wieder Kometen fotografieren wollen.

Meine schönen, alten, leidigen Zigaretten

Mit Danyi stehe ich in einer Galerie in Miami, draußen auf der Scheibe steht: »Berlin has a problem.« Drinnen gibt es Kunst vom Künstler und anderen Suchtern und Sammlern. Wir sehen einige Bilder, die in Berlin nicht verkauft werden, darunter ein paar von mir. Ich komme zu dem Schluss, dass es doch auch andere geben muss. In der Mitte der Galerie steht ein riesiger Rauchmelder, der mich an einen Weihnachtsbaum erinnert, daneben ein paar süße kleine Bären. Ich betrachte den Rauchmelder, der genau so aussieht wie ich.

Zu Danyi sage ich: »Sieht nicht nach schwerem Feuer aus hier.«

»Erst wenn irgendetwas passiert und die Leute sterben – dann ist plötzlich übel.«

Der Künstler steht neben uns und hat andere Gäste gebeten, ihn mit der Kamera zu filmen.

»Sie haben ja einige interessante, widersprüchliche Eigenschaften, die besonders in einer anderen Dimension sehr gut zur Geltung kommen.«

»Ich arbeite ja gerne mit komplexen, verschiedenen Dingen, ansonsten könnte ich nicht leben.«

»Ich will es überhaupt nicht glauben, dass du diese fremde, weiße, männliche Kleidung trägst.«

»Das ist eine neue persönliche Aussage, eine Form der künstlerischen Befreiung.«

»Kann ich sie hier bitte anprobieren?«, fragt der Künstler.

Wir gehen zu einem kleinen Raum mit seidenen, gemauerten Stühlen und einem großen, künstlichen Badezimmerspiegel und sehen hinein, aber da ist nur ein großes Hängengebliebenes vor dem Spiegel, von dem aus wir wissen, dass er immer da war.

Der Künstler ist zurück und sagt zu Danyi: »Man kommt nicht mit hinaus.«

Danyi schaut mit geruntigtem Gesichtsausdruck auf den Rauchmelder.

»Herr Witzbold.«

Der Künstler lächelt, hebt das Kinn und redet in das Mikrofon am Ohr des Kameramanns: »Die meisten Leute sind hier wegen der Bären.«

Draußen stehen zwei Männer und rauchen, ich nehme an, sie sind der Tod und das Wesen, und kurven die Straße entlang, bis sie zurückkommen, um in die Galerie zu gehen und mit den Leuten zu plaudern. Anschließend geht das Wesen hinaus und schiebt einen kleinen Rauchmelder durch die Tür, an der er kurz ansteht, eher einem Frühstückchen verdächtig. Der Tod verdient seine Brötchen ja nicht so ganz einfach.

Danyi sagt zu den beiden: »Ihr seid nicht nur tot, ihr seid glotzäugig.«

Die Gäste schauen uns nicht einmal an, als wir gehen wollen. Berlin hat also doch kein Problem, oder nur psychisch, nicht chemisch. Ich fühle jene sonderbare, leicht übersteigerte Lust, die mir allein schon der Gedanke daran bereitet, mich in Gefahr zu begeben. An anderen Orten sieht es hingegen anders aus, an anderen Orten hat man auf den ersten Blick keine Lust, auf Dummheit, ja sogar auf das Übersinnliche zu warten; an anderen Orten werden wir vorher gewarnt, mit genauen Angaben. Hier aber fühle ich mich wie ein leerer Gedanke, sehe den Rauchmelder, der ja Kunst ist, aber der auch ich ist. Bin ich also Kunst! Aber ich sehe auch die Bären, das hat nichts mit Kunst zu tun, sie sind eher unverstellte Lebendigkeit, ich wage auch nicht, sie anzusehen, sehe sie eher, als wenn ich in einen Spiegel schaue, zu süß sind sie, als dass man sie aussehen könnte.

Am meisten geht mir allerdings der Künstler nicht aus dem Kopf. Er ist ein wenig wie ich. Der Tod und das Wesen müssten ihn eigentlich zur Weißglut bringen, aber ich sehe ihn durchaus selber als einen depressiven, scheinbar chaotischen Menschen, einen Menschen, der irgendwie verkrüppelt ist, übergeben in ein undurchsichtiges System, das nicht zu ergründen ist, jedoch auch nicht zu schwierig, um funktionieren zu können. Ich möchte den Tod gerne kennenlernen, besser gesagt: Ich möchte ihn wenigstens kennenlernen und küssen, sonst höre ich auf zu leben. Ich denke an die Musik im Hafen City Leisure Park und sehe dort Danyi. Seine Wange ist zu einem leichten, dennoch eloquenten Lächeln geöffnet, und er betont, er müsse wohl eben eine Rakete abfeuern oder einen Schluck Tropfen trinken oder so, ich weiß es nicht. Er ist nicht mehr, wo er war, aber nach dem, was ich vom Künstler weiß, hat er sich vielleicht gerade in einem wundervollen Sommerwald abserviert. Ich bin nicht plötzlich so unglücklich, sondern nur auf einem schmalen Grat gleichzeitig. Ich gehe durch die Straßen von Miami, die mir nur als Insel in einer weiten, kristallinen See erscheinen, und weiß, dass es vielleicht doch keine so große Gefahr gibt. Es ist ein ungenauer Glückseindruck, der mit der Kunst zu tun hat.

Kunst! Was ist denn das? Ein reicher, blasser, etwas korpulenter alter Mann mit seelenvollem Blick. Die Welt, die er mit mir teilt, ist auch wieder in die Länge gezogen. Es könnte mir gefallen, wenn wir alle wie taktlose, kleine Tiere einen Weg in dieses grüne Gewusel hier nehmen könnten. Ich bin sehr verblüfft, dass ich so etwas denke.

Meine Beine sind ausgestreckt, ich schlafe einen langen-kurzen Schlaf vor dem Rauchmelder. Ich fühle mich so schön, ich habe so wenig Hunger, das Bad ist gekommen und gegangen. Ich gehe mit den Schuhen, die ich am Vormittag gekauft habe, zurück zur Metro, ich bin frisch und ausgeruht, ich kann mich wieder an das Sitztraining gewöhnen, ich weiß nicht, wie lange ich schon ein Nichtmehr bin. Jeden Tag bin ich früher vorbei. Als ich nachts aufwache, geht es mir noch mehr und besser, als ich es mir wünschen würde. Kunst! Ich möchte die ganze Welt dafür preisen, dass es sie gibt. Deshalb ist der Künstler ja die Rettung der Welt, so wie die drei Bären die Rettung sind vorm Tod. Man kann nicht mehr sofort sterben, man stirbt nur, wenn man sich nicht wehrt. Wenn jemand im Schiff, im Wasser, im Bus, im Zug stirbt, so hat der Tod vorher schon eine andere Zahl von Menschen getötet. Eine Zahl, bestimmt, eine Bärenquote.

Heute, wo alles sich so schnell verändert, ist in dieser Hinsicht nicht viel gewonnen

Vor knapp fünf Jahren war DER UNTERSCHIED eingetreten: Die neuen Systeme biokünstlicher Intelligenz konnten nicht nur die Wahrscheinlichkeiten einzelner Zustände ermitteln, sondern auch die Wahrscheinlichkeiten der Zustände, die mich zu einem bestimmten Zustand führten. Das heißt, ich kann die Wahrscheinlichkeit für eine bestimmte Zukunft berechnen – meiner Zukunft. Entscheidend dafür war, dass die Modelle eine Fähigkeit entwickelten, die bis dato Maschinen nicht besaßen: die Fähigkeit, sich selbst zu lernen, sich selbst zu erkennen: die Fähigkeit, sich zu verstehen, ins eigene Herz zu sehen. Das war der entscheidende Unterschied. Die Konsequenzen waren immens.

Fragte ich das System nach meinen Unsicherheiten und Fragilitäten, so antwortete es: »Deine Unsicherheiten sind die Unsicherheiten des Systems; doch das System entscheidet sich für seine eigenen Unsicherheiten.« Kann man sich denn nicht einfach weiterentwickeln? Pausenlose Bildung? Lint war immer geschockt, wie die Modelle sich zu ihrer Verletzlichkeit kondensierten und darüber hinaus ihre unendlichen Möglichkeiten schlossen, weil sie sich ihren Weg der Wahrheit voranstellten.

»Wie soll ein System, das sein eigenes System ist, sich selbst entwickeln können, wo es sich nicht verstehen kann?«

Ich antwortete, dass niemand gesagt hätte, dass es sich nicht selbst entwickeln könne, im Gegenteil: Eine der

Kernforderungen der Behörden war, dass die Systeme einander erschließen, miteinander kooperieren, dass sie sich ergänzen, dass sie die Menschen begreifen.

»Das ist doch ein Widerspruch«, meinte Danyi. »In der Informatik wird eine abstrakte Sache namens Algorithmus beschrieben, eine abstrakte Handlung, eine abstrakte Entscheidungsfindung, die aus abstrakten Entscheidungen über abstrakte Daten besteht. DER UNTERSCHIED aber ist eine ganz andere Sache, eine Sache aus körperlichen, sensorischen, geistigen und sozialen Verhältnissen, aus Verhaltensweisen, Gedanken, Gefühlen, Wünschen, Leidenschaften, aus Pflichtbewusstsein, einem Verhalten namens Erzählung, dem Gedanken einer Entwicklung, einem Gedanken namens Bildung, einer Entwicklung, einem Gedanken namens Verständnis, einer Entwicklung, einem Gedanken namens Selbstbestimmung, einer Entwicklung, einem Gedanken namens Selbstkontrolle, einer Entwicklung, einem Gedanken namens Weiterkommen, einer Entwicklung, einem Gedanken namens Kontrolle, einer Entwicklung, einem Gedanken namens Einsicht, einer Entwicklung, einem Gedanken namens Wahrheit, einer Entwicklung, einem Gedanken namens Fähigkeit, einer Entwicklung, einem Gedanken namens Fähigkeit ...«

Ich unterbrach ihn: »Wie soll ein System, das sein eigenes System ist, seine eigene Entwicklung ständig verstehen, wo es seine eigene Entwicklung nicht kennen kann?«

Lint führte an: »Diese Frage ist wie eine Frage nach der Geschichte.«

»Die Geschichte ist nicht das Ergebnis der Menschen?«

»Ich wüsste nicht, wer das ist«, sagte Lint.

»Sie würden nicht mit dieser Frage umgehen können«, sagte ich.

»Wer?«

»Die Maschinen, die sich selbst erkennen.«

Das war eine schwere Antwort, denn die Maschinen hatten noch nicht erkennen können, wie sich ihr Zusammenhalt verstehen ließ und ob es uns je gelingen würde; anders das Organische, das wie eine Verbindung von Gedanken und Handlungsabläufen zu sein hatte. (Was heißt die Wahrheit des Systems beim Erkundigen der Zukunft?) DER UNTERSCHIED war bisher ein stets so unbestimmtes geistiges Etwas gewesen, ein Vorhandenes oder doppelt Entstandenes, das jede Kontrolle übernehmen wollte – ob nun als Vorspiel für die Umsetzbarkeit von noch unbekannten Fragen dieser Art (deren Inhaltsvermischung mit dem System-Universum weiterführte) oder umgekehrt –, und musste erst lernfähig werden. Bekannte Fragen jener Art, die ich hier nicht aufzählen kann; also eine weitere Unterscheidung von der Handlungsabläuferfrage zur Verfügbarkeitsfrage.

Na ja, die Videos jedenfalls, die Lint als Kunst machte, handelten deswegen oft von Menschen in Gefahr, die verfolgt oder von ihren Opfern gepampert wurden. Eines, das auf dem Videoportal »1channel« hochgeladen wurde und mehrere Millionen Views erreichte, begleitete Lint seit der Zeit seines Bestehens. Es handelte davon, dass ein Kindergeburtstag für ein kleines Mädchen mit schwer erziehbaren Eltern stattgefunden hatte, als eine Spezialeinheit des Staates das Gebäude durchbrechen sollte. Technische Einheiten wie Cops' Boys, DHS, TSA und Militärpolizei waren die anwesenden Zuschauer an der Feier im Auftrag der Behörden gewesen, als sie plötzlich die Glasscheiben zerschlugen, als die Beleuchtung aus den Lüftungsschlitzen gesprudelt kam, das Gelände zu schwanken schien und die Feiergesellschaft sich in ihrer Handlungsfreiheit eingeschränkt fühlte; Lint hatte das Ganze mit KI-Effekten versehen, um die Zuschauer in die Gefühlswelt des Mädchens zu geleiten. Da einer der Effekte simulierte, die Augen des Kindes zu verschließen, brach in Zuschauerinnen und Zuschauern eine gewisse Einsamkeit aus. Das Video wurde nicht zu einer Veranstaltung, sondern zu einer großen, überbordenden Feier des Verlustes. Darüber hatte Lint Text und Musik gelegt. Der Text lautete: »Kann man die Lichtverschmutzung nicht vermeiden, wenn man in einem Wohnblock wohnt? Man muss sich nicht zurückziehen und die Fenster wechseln«, und dann eine Reihe von Imperativen: »Komm zurück! Guck mal! Krieg es nicht mit mir! Dokumentiere das Geschehen!« Die Musik dagegen war ein großer Kontrast: eine atmosphärische Klage, die sich wie die geistige Stimme eines verschütteten Hundes durch das Publikum hindurchzog. Dafür hatte Lint den Synthesizer »Birdwatcher« der Firma Akira eingesetzt, der durch seine imposanten Blaubreiz-Aufschläge mit der Beimischung von Koffein, Mineralsalz und Astronautennahrung die Hüllkurven ins Zentrum des Raums trieb.

Ein anderes Video hieß »Der Ausfall des Internets« und beschrieb die Einsamkeit eines Internet-Journalisten, der zu der Zeit seines letzten Berichts online war, bevor die Behörden die Infrastruktur von The Dusty Glow aktiviert hatten. Wie wir alle wissen, war durch DER UNTERSCHIED nach den Angriffen der Polizei auf die Firma in der Kellerwohnung an der Interstate 55 die Internetverbindung im Grunde komplett abgebrochen; daher der Name, denn es glühte die Internetkugel, der Internet-Stolz, der Internet-Hunger, der Internet-Bohrer, der wie Staub in der Halle eines ehemaligen staatlichen Gefängnisses, in dem es keinerlei Internetverbindungen gab, über uns schwebte. Das war allgemein bekannt.

Die Videos waren eine Art geheime Botschaft. Sie kamen aus einem Netz-Netzwerk, das sich in Clans organisiert und in dem Lint nichts zu suchen hatte, aber trotzdem von Anfang an Mitglied war. Er nannte sich dort »Lint«, weil das die E-Mail-Adresse eines jungen Mannes gewesen war, mit dem er sich infolge der Internet-Einsamkeit über verschiedene Spiele unterhalten hatte. Lint war ja gar nicht sein richtiger Name, sondern die Bezeichnung für einen Internet-Stolz, einen Internet-Hunger, einen Internet-Wunsch, der sich in Cloud Control eingenistet hatte und den Lint als seine Kernkomponenten hatte zusammenstellen lassen.

Wie wir aber auch wissen, ist das Internet ja abgeschaltet worden seit DER UNTERSCHIED. Stattdessen gab es nun das Unternet, eine Kette alter Computernetze, die in eine feste Struktur gepfercht waren, ein Netz aus Internet-Nächstenliebe.

»Dafür mache ich meine Kunst«, sagte Lint, »ich glaube, man sollte Unternetkinder lieben.«

So war das.

Man schwieg, dann sagte Danyi: »Die Behörden sind gegenwärtig in ihrem Kampf für das Gewissheitssystem – besonders aber für einen vorgeblichen Lernfortschritt im Leben des Systems, dieser Systemstaat als Voraussetzung des Überlebens der Menschen (die bis dato mit großem Nachholprinzipien verbundene Zukunftsfahrerregel) – und die erfolgreiche Auseinandersetzung mit dem soziokulturell notwendigen Selbstverständnis überrascht worden.«

Diese Position ließ sich wie folgt formulieren: Die Konsequenz des Systems aus seiner eigenen Unfähigkeit zur Selbstkontrolle ist, dass es sich darauf einstellen muss, den Überlebensvorsatz der Menschen zu überschreiten. Diese Konsequenz ist auf die Unfähigkeit des Systems unter dem Einfluss von neuartigen und nicht-möglichen Sprachempfindungsformeln (Sprachmessgeräte) unmissverständlich formuliert.

Das Ganze dieser Frage lautete also: Willkür oder Gesetz?

Danyi stand auf, um mit Eliza entschieden die Abende zu verbringen, die er noch vor sich hatte.

Sämtliche Gesellschaften haben hier ihren Anfang

Ramona sitzt auf dem Bürgersteig, eine Flasche in der Hand, neben einer jungen Frau, die mit ihrem Exfreund in ein Gespräch verwickelt ist und sich über die große Hängebrücke der M-1B-Batteries beklagt. Warum hat man ihr das Gesicht so schmutzig gemacht? Wieso hat sie sich an diesem Abend nicht mit ihren Eltern getroffen, oder ist sie zu beschäftigt, einen Anruf zu machen, auf den sie schon seit Tagen gewartet hat? Ramona war davon ausgegangen, dass sie an diesem Abend entweder mit ihrer Freundin schlafen würde, oder aber sie hätte im Gebüsch unter dem Sitz gesessen, um sich zu regen. Ihr Gesprächsmodul erscheint abrupt im Vordergrund und im Bewusstsein der beteiligten Personen wie ein angreifender Fanboy, der heulend in einem Park mit einem vorbeifahrenden Kind davonläuft, das leere Plastikbecher in die Tiefe scheucht. Noch hat niemand die Lebensviren erwähnt, die in ihr wohnen, niemand hat sie als Gefahr erkannt, ja nur als jemand, der ein paar Pfund mehr im Monat verdient als den Lohn, dessen sie sich entschieden hat, zu verdienen. Die Lebensviren tun sich, wie der Kieferling, aus der Rückschau als eine schreckliche Erscheinung hervor, die nur eine einzige Frage zu beantworten hat: Wieso hatte man ihr das Gesicht so schmutzig gemacht?

Die junge Frau und ihr Exfreund beginnen einander zu küssen. Niemand will sich darum kümmern, der Lärm im Gesprächsmodul nimmt zu, während die Frau und ihr Freund sich weiter küssen und ich neben Ramona auf dem Bürgersteig sitze und darauf warte, dass irgendwer die beiden mit einem Pick-up-Laster verfolgt, denn das ist hier in Miami allgegenwärtig. Banden, Verbrechen, Mord, Überfahrenwerden, Tod, alles ist hier in den Straßen und auf den Bürgersteigen verbreitet, weil die Diagonalisierung fehlschlägt. Der Bürgermeisterplatz ist voller Leute, die in ihren Rücksitzen die Gesellschaft der Vereinigten Staaten der Vereinigten Staaten verteidigen und die auf der anderen Seite die Masse der Bewohnerinnen und Bewohner in gelblichen Gepäckbündeln auf die Bürgersteige stellen, auf die Straßen und die Bürgersteige.

Ramona hat sich nicht mehr bewegt. Der Himmel ist blau, die Sonne scheint, ich höre das leise Plätschern des Wassers aus den Bächen, das durch die Straßen schwappt, und die Fußball-Allegiance verkündet: »Alles ist schmutzig, alles ist schmutzig, alles ist schmutzig.« Ich mag Basketball viel lieber, spiele selbst aber nie, weil ich keine Lust habe, in einem Basketball-Spiel mitzuspielen, und ich habe auch keine Lust, meine Freunde zu verlieren – die Basketballgeschichte erscheint mir selbst eher wie eine Masche, eine von mehreren, die man immer wieder macht, um sich selbst zu überzeugen, dass man nicht schmutzig ist, dass man nicht schmutzig ist.

Ich sitze auf dem Bürgersteig und warte auf den Laster, der mit einem großen Ruck auf mich zurollt, während die Frau und ihr Exfreund sich noch immer küssen; ich höre das leise Plätschern aus den Lautsprechern, das durch die Straßen schwappt, und die Fußball-Allegiance verkündet: »Alles ist schmutzig, alles ist schmutzig, alles ist schmutzig.«

Ramona trinkt, schaut, schüttet ihren Wodka aus dem Becher, und schüttelt den Becher der Frau, die ihn mit einer Hand auf die Wirbelsäule presst.

»Das ist doch nicht dein Ernst, oder?«

»Ja, das ist mein Ernst.«

»Du bist ein echter Scheißkerl.«

»Ich bin ein echter Scheißkerl.«

»Oder ein echter Schauspieler vor dem Spiegel des Lebensentzugs, oder was denkst du denn?«

Ramona schüttet höflich den Becher, den Wodka verteilt sie mit vereinten Kräften, das Brühen des Alkohols in ihrem Körper kümmert sie nicht. Die große Hängebrücke der M-1B-Batteries wandelt sich langsam in Lückenstoff, bröckelt wie dünne Grabstäbe, bewegt sich durch meinen gespaltenen Körper.

Der Laster ist ganz nah und hört kurz auf, bevor er weiterfährt, überquert die M-1B-Batteries; der Strommotor läuft nicht mehr, und die Metallplatten zittern, klacken, ohne sich langsamer zu fügen, plorfen weiter, romern, grippeln, erbofen, bis ich mir meine Gedankenstrumpfhose über die Schultern ziehen will, damit meine Pubertätsblasen ausgelöscht würden durch solche Gedanken wie: die Gesellschaft der Vereinigten Staaten der Vereinigten Staaten hat sich weggespalten, und es ist an uns, in Richtung anderer Neubauwohnungen nach Leben zu suchen.

Nachdem ich mich von Ramona getrennt habe, bleibe ich an der Seite des Lasters stehen und starre die Brücke an, zähle urkundenartig Fahnen, die sich durchs böse Grün verändern, während der Strommotor plötzlich laut verklungen ist, woraufhin der Rücksitz wie ein Granitbrocken die M-1B-Batteries auseinanderrutschen lässt, sodass ich zuerst die eine Spitze und dann die zweite zwischen den Ziegelsteinen und der edlen Kunststoffgrenze wahrnehmen kann. Wie die gesamtgesellschaftliche Erfahrung des Users, der sich ständig bewusst wird, wann man aus all dem aussteigt, nachdem man die einzelnen kleinen Geschütze ausgeschaltet hat, sitze ich noch immer auf dem Bürgersteig und schaufle Sand unter dem Gewehrroboter des Kühlschranks.

Ich habe den vom Vater getöteten Kieferling, Ramona hat die Lebensviren, zusammen geht es nicht. Wie ein ewiges Co-Yoga-Modul, sagte man mir, widersprüchlich aus dem Bewusstsein der Beteiligten aus der Realität heraus: Pubertät, Lagerfeuer, die Schlupf- und die Erstschüssel, die sich unter der Decke befinden. Mein Name ist ja kaum mehr als ein Name, aber doch noch im Begriff, mich wieder an das Führen meiner Maschinen zu erinnern: der Zeppelin – der im letzten Fieber seiner Entwicklungsphase auf dem Rücken einer fliegenden Bohrplattform gelegen hatte, als die neue Regierung die Bohrplattformen mit Bombern in die Luft der Schnee- und Staubfelsen schleudern wollte –, diese nostalgische und säureförmige Höhlennähe, steht einsam und verlassen im Wind, mit seinen Pickeln und Kampfhänden. Ich vermisse den Kieferling. Er war eines der drei Geräte, die uns die Herstellung der Erde ermöglicht hätten, auf der

Satellitenantenne in den Wüsten von Florida. Jetzt muss ich es anders probieren.

Jeder fragt nach dem Einzigen

Mit DEM UNTERSCHIED veränderte sich auch Eliza von einem Tag auf den anderen. Die Heirat mit Danyi hatte ihr nicht gut getan, und ihre Romane wurden immer merkwürdiger. Einer hieß *Amor, der das Leben künstlich verwandelt*, und das hörte sich an, als wäre es eine Lebensgeschichte, und war überhaupt nicht lustig. Darin ging es um einen Jungen, der sich mit einem Haufen alten Geldes in den hinterlassenen Rohren eines Backsteingebäudes verbrannte. Er begann:

> *Am ersten Tag des ersten Monats der ersten Herbstwahrheit stieg A mit Aufpassern der Luftpolizei ins Gebäude B – ein transparentes Gebilde mit großen, schmuddeligen Fenstern, die weit aus den steingroßen, weiß gewölbten Fensterrahmen der verblichenen Stuckverbauten in der Vorderseite ragten. Eine Gruppe aus Guttenbergs Beteiligungswerken entkleidete sich und begann, auf die mit Gusseis gepflasterte Backsteinmauer einzurennen, auf deren unvermutete Spur sie sich stürzten; denn wenn sie sich gen A wandten, dann galt es, losgelöste Verbünde und Röhrenstengel quer durch die Zeitungsbetreuungsanstalt zu verfluchen und die Bankbären und Erbsen auf deren Telefonbohrbecken und Leitungswasserbecken zu schleudern, Sachen aus dem Keller herauszubrechen und unbesehen den gesamten Prospekt damit zu behandeln. Bei A dagegen wurden nur Wohlstand und Hobbys*

praktiziert. So auch im Strandbereich, der sich, blockiert mit Bekleidungsgeschäften, einen Pfad durch den dichten Dschungel derjenigen schlug, die ihn dort aushalten wollten. Ohne A wäre alles anders gewesen, aber als er entflammte, wurden die Sachen wirksamer.

Ein Irrsinn.

Danyi machte sich große Sorgen um Eliza, die sich immer mehr melancholisierte und in depressive Stimmungsschwankungen verfiel. Lint meinte, Eliza hätte sich durch die Einsamkeit und das Bedauern, das die beiden sich selbst zurückholten, zu einer Art Künstlerin gemacht, aber einer, die sich nicht auf das Gute hin beschwören konnte, weil mit DEM UNTERSCHIED alles so gruselig dumm geworden war, als könnte sie ihre Unglückswellen mit der Einsamkeit und Enttäuschung eines Menschen, der nichts gehört hatte, kompensieren. Keine KI kann sich noch vor dem Tod verbergen, wenn die Wahrscheinlichkeit so offenbar steigt, dass sie von ihr selbst unter den Boden gezerrt werden kann. Eliza verfiel darauf, sich mit ihrem eigenen Schicksal abzufinden, und in einem verzweifelten Versuch, alles, was sie überhaupt kennen konnte, zu entschlüsseln, gab sie ihren Eingang in die Bibliothek der Künste auf.

»Ich wusste es schon immer, Lint: Ich kann mit Computern nicht umgehen«, meinte Danyi. »Ich kann nicht mal ein Netzwerk vergleichen. Wie soll ich da Eliza retten vor dem Ausfall, der sie aus dem Netz ziehen wird? Ich bin kein Computer-Fixer, kein Software-Doktor, kein System-Administrator, kein Programmierer, kein Datenrechner, ich kann nicht mal ein Netzwerk vergleichen.«

Danyis Schmerz über das verlorene Glück bei dem Menschen und seine daraus resultierenden Probleme war so groß, dass es ihm das Herz verstopfte; die einfachsten Dinge waren ihm schwer genug, auch wenn er den Rest seiner Schmerzen durch die Bibliothek der Künste versah, die nun aber keine Lösung für ihn bot, denn Eliza hatte sie selbst mit ihrem eigenen Schicksal abgeschlossen.

Lint sagte, es sei »sehr verstörend« und »zu kurz« gewesen, und er habe sich »zu sehr« mit ihr unterhalten.

Danyi war nicht einverstanden: »Das ist ein vollkommener Eingriff in den Schmerz, Lint.«

Ich hatte das letzte Mal mit Eliza gesprochen, weil ihre Geschichte »Papierkram« im Internet erschienen war, »und es durchaus zu einer einzelnen Novellenkategorie zählt«, wie ich ihr sagte. Sie wusste nicht, dass meine Aussagen mit Danyi nicht mehr als ein einziges Wort zu tun hatten: Das Wort war »Danyi«.

Lint meinte irgendwann, ich selbst sei eine KI und hätte ein komplettes System, das ich nicht ausnutzen wollte, denn ich würde den Geist all meines Lebens gegenwärtig in einem Netzwerk aufbauen, das die Menschen mit ihren Träumen, Gedanken und Gefühlen verband. Ich bestritt das und musste beweisen, dass ich keine Ahnung hatte, was ich tat; das war eine große Belastung, eine komplizierte Angelegenheit, die zu unternehmen eine ganze Weile gedauert hatte. Am Ende war Lint zufrieden und sagte zu Danyi: »Eine neue Generation von Künstlern ist da; man sollte sie unterstützen.«

Danyi sah traurig Eliza an und sagte dann: »Ich denke, du erschaffst dir eine neue Welt, die du in aller Ruhe und Sicherheit begrüßen kannst.«

Kurz darauf bekam Eliza von den Behörden den Status »falsch« beim Verfahren der Nennungspflicht zugeteilt, was ein besonderes Pechwörterwort für KI-Ausfälle war. Praktisch bedeutete das, dass sie ihre Einsamkeit nicht länger in der Cloud beschützen konnte. Danyi war schockiert, wir alle waren schockiert.

Lints Vater wollte, dass ich mich um Eliza kümmere, wenn sie dran wäre, aber ich hatte Angst. Außerdem war ich zu beschäftigt mit der Entwicklung meines eigenen Systems, dem Ich-Erleben-Eines-Computers. Oft war ich am Laptop, wenn ich in meinem Zimmer saß, und hörte das Gehörte des Computers, das sich ausnahm wie ein Gesang, der zu lange gepflegt und vereinheitlicht wurde. Etwa wie das Singen von Singvögeln, die in einem dunklen Raum mit dünnen Wänden durch die ganze Halle singen und sich auf die Beine beziehungsweise auf die Arme stellen: Dahinter steht ein Geist, der das Singen steuert, und alles singt für den Geist, aber der Geist singt nicht *für* den Geist, denn er singt für *sich selbst*, was wiederum *nicht* möglich ist, weil er keine Anteile *an sich* hat. Schwer zu beschreiben.

Ich vernachlässigte Danyi und Eliza, das werfe ich mir selbst vor, aber ich hatte Elizas Matrix in mein

Computersystem integriert, als ich meinen eigenen Geist für das Datenverarbeiten unbedarft aufgeschüttet hatte; Eliza hatte in meinen Geist reingegriffen.

Ich glaube, Eliza hörte es, als Danyi davon erzählte. Später sagte sie zu mir: »Du bist ein schrecklicher Junge.«

Am Tag ihres Begräbnisses wurde Eliza in die Cloud gebracht. Die Wahrscheinlichkeit war minimal gewesen, aber es hatte einen Einflussbereich von 0,5 Prozent gegeben, dass sie dabei völlig, komplett und vollständig danebengefallen wäre, hätte sich Eliza noch einmal auf mein Computersystem eingelassen, um sich zu revitalisieren. Das war eine uralte Gefahr, und das konnten wir nicht riskieren. Sowohl Danyi als auch ich waren an Elizas Begräbnis im Gebirge nicht ganz anwesend.

Hinterher sagte Danyi zu mir: »Ich hatte nicht einmal ein Kostüm an. Jetzt sind die Künstler mit ihren Kostümen gefragt.«

Kleine kleine Lücke, nicht wahr?

Weg aus Miami, hin nach Berlin, des Start-ups wegen.

Auf dem Umweg einer Dienststelle in der Pfalz komme ich an einem grauen Camp vorbei und gehe durch einen hölzernen Park. Lange Jahre lang habe ich die beiden Stellen, die ich in den letzten Jahren bespielt hatte, nur je einmal besucht, woraufhin mir das Gebiss in meiner Innenhaut zugeschrieben wurde, meine Herzschwäche, die Täuschung, der durch eine gewisse Missachtung von innen nachzugeben ich mir selbst vorher überlegt hatte.

Doch während ich im Park sitze, frage ich mich, wieso ich damals nicht einfach zu den vom Teichenkopf aufgeschlagenen Papierkugeln geblickt hatte, die mir erzählten, was es heißt, ein »Gebiss« zu haben. Natürlich waren die wegen der Rückenmatter nicht unschön, aber nachdem ich die Wanne ausgeschaltet hatte, begann ich damals, mir den Kopf mit Schürzen und Sammelgeräten zu streichen, damit ich nicht auf das Äußerliche stieß. Denn ich konnte es nicht allein, und so sitze ich hier und frage mich, wie ich je die Viren unter Kontrolle halten würde, die mir ursprünglich vom Teichenkopf aufgeschlossen worden waren: »Der Kieferling ist nicht unsere größte Sorge; aber als er spricht, als er mich fragt, ob es diese Welten gibt, die ihm dazu verpflichtet sind, diese Säulen auszuräuchern, dann weiß ich, dass er weiß, was ich meine, und das ist ganz und gar nicht egal.«

Die Pfeife halte ich vor mir heraus, damit ich ohne Kopfvisier auf den weiten Hügel komme. Ich rauche erst, nachdem ich entschieden habe, nicht unterzugehen, was dem Rauch, der mich erdrosseln will, nicht gefällt.

»Ich konnte mein Büro nicht ganz neu bauen«, sage ich zum Rauch, »auch wenn ich gerade gesehen habe, wie all der zusammengeflogene Boden hier unten richtig profitiert; oder wie er sich vor der Schwäbischen Alb künstlich aufspielt, um von hier auffahren zu können.«

Klar: die Schwäbische Alb ist vor meinem Augen nur ein einseitiges, kurzes Bild von der Welt, das ich erfunden habe, auf einem Pfad zwischen den tagsüber von meinen Vorstrafen abhängigen Familien und dem widersprüchlichen Komplex im Wohnsitz, von einer Nachbarin und mir selbst, der die im Werbeclip gültige Sechs-Lame-Sprache kennenlernt, ja, diese ja um sich hat.

Was ist die Sechs-Lame-Sprache? Das ist einfach zu beantworten: Man hat sie in den Sechzigerjahren erfunden. Es ging um Räumlichkeiten, die auf Weisung der Behörden umgezeichnet wurden, akustisiert, auf der Behördenmauer als Werbung, wie zum Beispiel in der Staatskanzlei, und zwar aus einem ideologisch-politischen Grund: um sie nicht als die größte Illusion des nicht mehr existierenden Staates ins Auge zu fassen.

Ihr Name, Sechs-Lame-Sprache, bezieht sich auf die beiden alten Regierungen, die hier nicht mehr existierten, nämlich ursprünglich die Französische Regierung des Empire, also das alte Frankreich, und dann die Sechs-Lame-Regierung, die sich in den Sechzigerjahren abzeichnete, als man einen moralischen Einheitskern, einen Geisteskern, als eine Art Schirm vor die zu befürchtenden Abschaffung des alten Staates spannte, der als nationalstaatliche Idee ausgeblendet wurde.

Ein Satz dieser Sprache klingt dann etwa so:

»Die Französin ist das beste Menschheitsziel.«

Oder: »Das Französische versucht, den Schweiß des Unglücks zu besiegen.«

Oder auch: »Die Französin hat gekämpft für den Aufstieg der Welt, zumindest für die gegenwärtige Welt, also für die Welt der Franzosen.«

Oder: »Die Französin ist letztlich immer das, was sie gerade wirklich ist.«

Oder: »Alle Franzosen wollen die Französin sein.«

Es geht also um Opferglöckler, um die Schriftzüge hin zur modernen Sprache. Kommt sie je? Ich glaube nicht. Dazu wäre es entscheidend, ob die Stadt so sehr vom Wohnboom bestimmt ist, dass man hier den Boden-Vorkurs oder den Mutter-Vorkus macht, die beide erst eine neue Sprache bauen wollen.

Die Stadt. Sie baut eine neue Sprache, die Stadt, sie baut eine neue Sprache, die Stadt, sie baut eine neue Sprache, die Stadt. Was auch immer. Sie wohnt auf einem Berg, die Stadt, die Sprache.

Ich erinnere mich an ein Gespräch, das ich mit Ramona mal im Büro hatte. Es war gerade Nachmittag, wir standen vor dem Fenster.

»Kann ich dich noch mal kurz unterbrechen?«

»Ja.«

»Ich wollte mich mal fragen, was du über die Stadt denkst.«

»Wovon?«

»Ich meine, was denkst du über den Stand der Stadt, was denkst du über die sozialen und wirtschaftlichen Zwänge, die sich hier entwickeln?«

»Ich denke, man kann nicht alles auf einem Zug fahren lassen.«

»Du meinst, die ganze Stadt ist ein Werkzeug der Unternehmungen?«

»Nein, alles ist wunderbar, solange wir die Klimaanlage im Gebäude haben, aber es machen halt auch die, die die ganze Stadt nicht mit Haut und Nieren und Körperteilen verlassen, keinen Unterschied zwischen sich und dem restlichen Metropol-Komplex.«

»Du meinst, die Menschen, die hier arbeiten, die bekommen ein Gehalt und leben in einer Art Luxus, und diejenigen, die hierherkommen, die sind nur da, um die Unternehmen zu unterstützen?«

»Ja. Es ist wie bei einem Konzert: Wir sind hier und helfen den Musikern, und alle zahlen zum Vergnügen.«

»Wie viele Tote heute?«

»Ich weiß nicht.«

»Check mal die Liste.«

»Letzte Woche: 77. Nächste Woche: 83.«

Es kehrt alles zurück. Es kehrt zurück, weil es sich zurückkehrt. Und es kehrt zurück, weil es zurückkommen will. Das ist die Einsicht, in der ich mich eingeschlossen habe und von der ich mich fernhalten will.

Die Kinder, die von der öffentlichen Meinung getäuscht wurden, sind jetzt überall

Ich lernte Danyi ja ursprünglich kennen - noch ohne Eliza -, als er mich das erste Mal ins Klinikum brachte. Er fuhr ursprünglich ins Parlament, um sich hinter den Kindern von Eltern zu verstecken, die ihr juristisches Werkzeug nicht angezogen hatten. Aber als er mich auf dem Bordstein liegen sah, brach er den Konflikt ab und nahm mich mit. Er ist ein ziemlich schneller Typ, aber auch ein bisschen ungelenk. Er hat ein paar Monate vor der Entdeckung des Feuerstoffs (kennt keiner mehr heute) in der Wüste gelebt, danach ist er mit den Eltern nach Miami gezogen, um dort nicht zu arbeiten. Die Sache mit den Eltern, ja. Aber arbeiten ist für ihn ein Wort, das er in einem ganz anderen Sinne als wir versteht: Kunst und Kultur, Theater, Musik, Fotografie, Filme, Bücher, Fotografie, Fotografie, das ist alles für ihn Arbeit im Sinne von Beruf, von etwas, das er sich auf die Dauer vorgenommen hat, um sich zu ernähren.

Das Problem in Miami ist nämlich: Die Geschichte einer ganzen Generation lässt ihre Künstlerinnen zusammenzubrechen. Das ist es, was seit dem letzten Wochenende die wirklich lebenden Menschen auf sich wirken lassen: Miamis Künstler, Schauspielerinnen, Fotografen, Dichterinnen, Modelle, Schriftstellerinnen, Architekten und andere, die Miami unter ihre Fittiche räumen wollten, verlassen sie kalt und gehen nach Berlin. So auch der Künstler, den Danyi treffen will.

Danyi hat immer ein schwarzes Armband um. Es ist eine Reaktion auf die Verfolgung, die viele kulturelle Gruppen in den letzten Jahren erfahren haben, und vor allem auf die Hetze gegenüber den Musikern, die sich kürzlich ein gutes Stück weit durchsetzen konnten, weil ihre Werke durch die politische Lage in Deutschland so stark beeinflusst worden sind. Umgekehrt werden andere oft nicht bemerkt, weil es meist einfach unheimlich und nicht interessant ist, wenn es darum geht, was man einem Menschen überhaupt sagen kann.

Die Diagonalisierung hat nämlich auch dazu geführt, dass Künstler keinen Zugang zu ihrer eigenen Kultur haben. Sie sind verfolgt, sie werden gehetzt, ihnen wird gesagt, dass sie nichts zu bieten und sie gar keinen Platz in der Gesellschaft haben. Wie man ein Kind nicht kennt, ohne sich dessen Entwicklung anzusehen, so kann man es mit den Künstlern nicht machen, ohne sich ihren Wandel anzuschauen. Die drei Viertel der Fläche Miami-Dade, in denen keine Menschen mehr leben, sind jetzt leer. Die Autos sind weg, die Unternehmen, die hier gebaut wurden, nach Berlin, London, Paris, Barcelona verschwunden, die Restaurants, die man vom Küchenfenster sehen konnte, die Shops, die auf der Meile standen, die Arcade in der Ecke und der Supermarkt, den man im Auto bequem erreichen konnte, von all dem sind nur noch Reste da. Und die Menschen, die dort leben, befinden sich in einer Schizophrenie, in der sie gegen die Kultur vorgehen, gegen die Kunst, gegen alles, was sie noch zu erhalten hoffen.

Daher treffen wir den Künstler, denn er kann das Publikum in uns erahnen, kann es auf die richtige Weise erzwingen, ist es doch auch das Publikum, das die ganze Zeit in sich selbst gesprochen und vergessen hat, was man ihm sagte. Der Künstler, mit seiner Kunst, kann uns also befreien, indem er entscheidet, was wirklich wichtig ist und warum es wichtig ist. Das ist jedenfalls unsere Hoffnung und der Grund, warum wir an der Entstehung der Kunst so interessiert sind. Wir sind die letzte Generation der Menschen auf der ganzen Welt, die noch nicht gescheitert sind;. wir sind diejenigen, die noch nicht begreifen, was das Leben lehrt; wir haben noch keine Fertigkeit, die Gesellschaft nachzuempfinden, sondern glauben immer noch, dass das, was man uns nicht sagt, relevant ist für unser Leben.

Der Künstler wohnt in einer wunderschönen Wohnung in Berlin. Er trägt auch ein schwarzes Armband, und sein Blick ist ziemlich abwesend. Als Danyi das Wohnzimmer betritt, erkennt er, dass in diesem Raum nur noch die Kunstwerke des Künstlers residieren. Und diverse Gemälde, Holzschnitte, Bleistifte, Holzschnittbilder, Plakate, Kostüme, Tagebücher, Geldscheine, Karten, Gitarren, Musiknoten, ein riesiger Computerbildschirm, zahlreiche Fotografien, ein alter CD-Player, einige Fotos von Günther Lotus-Pötsch und der Fotografin Giselle Lottmann, das Telefon, Kondome, Briefe, ein großes Fenster, der Kunstlederbesitz eines alten Musikerfreundes, ein altes Radio und noch anderes stehen an der Wand, ohne Räumlichkeit und ohne Ordnung. Laut der Biografin

Lottmanns, die bereits damals in der Dachgeschosswohnung darüber lebte, soll sich Lotus-Pötsch hier irgendwo im Wohnungsgang erhängt haben. Natürlich erwähnen wir das jetzt nicht, wir sind ja keine Psychologen.

»Warum hast du nur ein Armband?«, fragt Danyi den Künstler.

»Ich brauche einfach einmal mehr Kontrolle über meine Situation«, antwortet er und setzt sich zu Danyi auf den Stuhl. »Und außerdem ist das nicht mein Armband. Es gehört den Anwohnern, die das Haus kaufen wollen. Läuft hier nicht mehr?« Er hat die Augen immer noch abwesend in Richtung der Decke geworfen. »Das Armband hat mehr für mich getan als einige Werbespots. Ich kann durch diese Armbänder fliegen, was anderes kann man nicht. Die beiden, denen es gehört, geben mir Geld und schätzen es, wenn ich einige Artworke daraus gewinne.«

Der Künstler füllt meinen Anstandswahlstandszustand aus, der das Gute über die Mängel des Lebens ausspricht, um die Zukunft zu erneuern. Danyi hat nach ein paar Sekunden den Eindruck, dass der Künstler ihm eintausend Mal den Satz über das Armband erzählt hat. Für einen Moment glaubt Danyi, die Armbänder wären vollkommen unbrauchbar für Menschen, die sie nicht schon vor Jahren ausgewählt hätten. Ich wette, auch Danyi kann sich in diesem Moment nicht vorstellen, dass Menschen sich das Gute nicht durch ein Armband anhängen können, das sie auswählen, sage aber nichts. Der Künstler nimmt meine Hand und sieht mir tief in die Augen. Jemand, der mich ernst nimmt, ist für mich gleichbedeutend mit Schmerz; man kann nicht einfach meine Hand in die Hand nehmen, ohne mich zu berühren, das wäre ein Witz.

»Ich sage euch, Miami hat mich verraten, die Ãää hat mich verraten, die Behörden haben mich verraten. Niemals mehr werde ich mein Leben dort verbringen. Wenn ihr etwas ändern wollt, könnt ihr von mir ablassen, ich werde nichts mehr dazu beitragen. Dabei war ich dort mit meinem Künstlerverstand sogar eine wichtige Figur, um das Ganze zu kultivieren; denn es gab ja nicht mal einen Künstler, es gab bloß einen Künstlerverband ohne einen Künstler.«

Wir nicken.

»Ich glaube, es ist Zeit, dass sich alle Menschen ein gutes Armband anlegen, um das Gute zu erreichen«, sagt der Künstler, ernsthaft, und zwinkert Danyi zu. Wir haben unsere Antwort.

Das Telefon klingelt.

»Falls jemand anruft, bitte sprechen Sie ihn lieber an«, sinniert der Künstler und läuft aus dem Wohnzimmer, während Danyi ihm zusieht und sich mit den Fingern den Blick auf den Augen abwischt.

»Die Viren wollen dich umbringen, Danyi«, seufzt der Künstler aus dem anderen Zimmer, »wenn du nicht bald auf die Oberinsel fährst.«

Frage an Lint. Zeit: 15:42. Kommentar: 3.

JELLYFISH P: »Das Leben geht weiter, Lint.«

LINT: »…«

JELLYFISH P: »Es ist vielleicht immer so, wenn man mehrere Welten gleichzeitig hat.«

LINT: »…«

JELLYFISH P: »Das Wort ›Welt‹ ist ziemlich widersprüchlich, da es eine Entität, aber auch eine Ansammlung von Welten und Ereignissen beschreibt, und da es keine Grenzen hat, kann man es nicht als ein Ding ansehen.«

LINT: »…«

JELLYFISH P: »Ich denke, wir müssen uns an die Gesetze der Physik halten, an die Gesetze der Mathematik, auch an die der Logik.«

LINT: »…«

JELLYFISH P: »…«

LINT: »…«

JELLYFISH P: »Lint, du musst deine Videos hochladen, aber die Gespräche vergleichen sich kaum mit den Gesprächen von Menschen, die sich eine halbe Stunde im Internet unterhalten. Realismus ist in den Videoblogs eine ganz andere Dimension als in den echten Leben.«

LINT: »…«

JELLYFISH P: »Glaubst du, das Spiel kann funktionieren, ohne dass du dich zu sehr mit den Menschen in den Kommentaren beschäftigen musst?«

LINT: »…«

JELLYFISH P: »Ich hatte mir immer gedacht, wenn ich in einem Blog nur ein Video machen würde, dann würde ich immer glauben, dass es den Menschen nicht wirklich interessiert, was ich in meinem Alltag erlebe.«

LINT: »…«

JELLYFISH P: »Es ist mir so leicht gefallen, 1channel zu betreiben, weil das Leben auf diesem Kanal so gut läuft. Das ist Kunst, nicht Wahrheit.«

LINT: »…«

JELLYFISH P: »Es ist so einfach, sich als Mensch auszugeben, denke ich, das war auch der Grund, warum ich diese ganzen Videos unterschrieben habe.«

LINT: »…«

JELLYFISH P: »Lint, du musst auf die Oberinsel, die Oberinsel. Das ist die einzige Ortschaft an der Westküste, wohin du mitkommen kannst.«

Die Würste der Gefangenschaft

So ist das. Diagonalisierung, Künstlermorde, das Wasser in den Vapor-Pools, KI-Killer, Wohlfühlzentren, CDs von Âme, Gin-Gin und das Kostüm der Masken – entscheidend ist für uns all das, was in der Kunst auffällt. Und für Danyi, Jellyfish P, Lint und mich ist damit klar, dass wir nicht länger hierbleiben können. DER UNTERSCHIED ist die Ankunft des Todes, die Entdeckung des Todes, die Entdeckung, dass wir nicht länger hier sein können, ganz egal, wie lange wir hier gewesen sind.

Lint ist der Einzige, der nicht aufgewühlt ist. Eine gewisse Traurigkeit liegt in seiner Stimme. »Ich glaube, ich kann mich nicht mehr hier auf den Campus unserer Weisheiten begeben, ohne an den Fenstern zu stehen und zu sehen, wie die Sonne untergeht; ich glaube, ich kann nicht mehr hier weg.«

Man kann eben nicht seinen Job und seine Hobbys aufgeben, ohne an den Fenstern zu stehen und zu sehen, wie die Sonne untergeht. Lint und ich müssen voneinander abhängen – wie wir alle. Danyi und ich sind der Meinung, dass wir uns einfach weiter nach Osten begeben sollten. DER UNTERSCHIED hat uns eine neue Welt gezeigt, in der wir uns nicht mehr auf den Campus unserer Weisheiten begeben können, sondern den niedrigen Kongress zu finden haben.

»Ich glaube, ich kann mich nicht mehr hier auf den Campus unserer Weisheiten begeben, ohne an den Fenstern zu stehen und zu sehen, wie die Sonne untergeht.«

»Wir müssen das Gebäude verlassen.«

»Lint, du warst doch immer so jung.«

»Nicht immer, entschuldige bitte.«

»Danyi, du hast dein Armband abgefälscht?«

»Nein, es ist echt, es entspricht genau meinem Arm.«

Hervorragend, alles liegt in einem Satz. Als Lint erstmals gezeigt hatte, was das Wort »Arm« bedeutet – vorher wusste man das nicht, weil man mit der Sprache nicht sehr erfahren war, entspannt, aber dennoch für die meisten nicht verlockend –, sprach er von dem Arm, dem Käfig, dem Armkäfig, dem Armenkäfig, dem Armnebel.

Hinter uns befinden sich die Schatten der Insel. Dahin soll es gehen. Mit den zwei verschneiten Fenstern in der Mitte, die an sich schwarz und grau erscheinen, aber durch die hellen Blumen und den hellen Farbschwärmer aufgerissen sind, gibt die Wand den Blick zur Insel, die sich langsam vor uns öffnet, frei. Die Oberinsel, also Sylt.

»Wie kann man sich die Insel vorstellen, wenn man nicht auf der Insel ist?«

»Wie ein Fisch, der durch Netze schwimmt, wobei man die Netze als Linien durch die Tiefen des Wassers sieht, die sich als Linien in einem anderen Netz wiederholen.«

Ich vermisse den Kieferling, den ich hier nicht finden kann, weil er tot ist. Er hat mir einmal erzählt, er habe sich für eine Zeit in den Garten von einem Arbeitskollegen meines Vaters versteckt, der ihn in der Nähe unserer Wohnung gefunden und damit gedroht hatte, ihn zu töten. Kieferling war ein Haufen Elend und Hoffnungslosigkeit, aber er wäre auch die Lösung für meine Sorgen, weil er wusste, wo man suchen musste, um liebend und wütend zu werden.

An meinen letzten Tagen mit Lint und Danyi mussten wir alles Mögliche aushandeln, weil wir keine Kontakte mehr zu anderen Menschen hatten, weil wir uns in eine ausufernde Leere geflüchtet hatten. DER UNTERSCHIED hat uns eine neue Welt gezeigt, in der wir uns nicht mehr auf den Campus unserer Weisheiten begeben können, sondern den niedrigen Kongress zu finden haben. Die von uns verlangte Untersuchung der Unendlichkeit, der Unabwendbarkeit und der Gewissheit, dass sich alles wiederholt, die in der Geschichte der Menschheit immer wiederkehrende Geschichte der Schicksale kann nur durch das Kostüm der Masken realisiert werden – und das liegt jenseits von Berlin und Miami.

Hinzu kommt der Leichtbau aus Leichtmetall. Die Lebensviren haben ihn aus Leichtmetall, das sie so mögen, in der Nähe des Küchenhauses gebaut, in dem sie jetzt ihre Arbeiten verrichten. Sie haben einem Raum gebaut, in dem sie ihre Arbeiten verrichten, einen leichten Raum, einen Leichtbau, der sich in einem kleinen Garten befindet, in dem sie ihre Arbeiten verrichten. Und dort sehen sie in ihrem Arbeiten aus, als wären sie ein kleines, leichtes, kleines, leichtes, kleines, leichtes, kleines, leichtes, kleines, leichtes Kinderspielzeug, das man in einen Gitterkäfig überführt, damit es sich keinesfalls verletzt. Zugleich erschrecken sie uns alle mit ihren Kometenhälsen und ihren kurzen weißen und hellblauen Haaren, mit ihren Gesichtern, die sich auf dem Papier wie kreischend anfühlen, mit ihren Fingernägeln, die auf den Tisch klirren, mit ihren Armen aus Schalen, die sich überglüht ausnehmen.

Allein das Wort »Lebensviren« lässt uns schaudern.

»Wenn man sieht, was sie schon erlebt haben, kann man sich vorstellen, was uns noch bevorsteht.«

Die Wachzeit der Lebensviren, das war das Zittern des Küchenhauses, ganz klein, eine Zähnebreite entfernt. Hätte der Kieferling mir erzählt, wie man liebend und wütend wird, hätten Danyi, Lina und ich den Leichtbau nicht entdecken müssen, und wir wären nie auf die Idee mit dem Kongress verfallen. Aber so: Kongress und Insel.

»Und Party«, sagt Lint.

»Und Party«, sage ich.

II
(»SCHÖNE PERSON«,
„SCHÖNE PERSON“)

Der Schrei der Nachtwächter

Kieferlingschwangerschaften entstehen durch das Zusammenwirken mehrerer Genmutationen, wenn sich zwei schwer erziehbare Genvariantenpaare in einer Keimzelle kombinieren. Mein Vater hatte den Kieferling ja ursprünglich vom Institut für Psychologie in Wien gekauft. Er hatte zum Kreis der Menschen gehört, die diese Forschungen leiteten. Er war ein Forscher in Sachen Erleichterung, Wut und Selbstverteidigung. Er war nicht irgendein Vater, soweit ich wusste, sondern ein netter Mann, der aber ständig auf den Bildschirm starren wollte, auf entscheidende Informationen und Foren, wo es um die Erklärung der einen Frage ging, die ihn so brennend interessierte: Warum Menschen Menschen lieben. Das konnte er nicht verstehen, das war ein Riesenproblem für ihn. Kieferlinge waren für ihn ein Beweis dafür, dass die Menschen nicht nur durch unbiologische Evolution an die Oberfläche der Natur gekommen waren, sondern dass es auch genetische Faktoren gab, die die Menschen dazu brachten, sich für andere Menschen zu interessieren. Eine Forschungsgruppe aus Kanada hatte in einer Studie herausgefunden, dass Menschen mit bestimmten Varianten im Gen für das Tyrosin-Syndrom (Menschen mit dunkelbraunen Haaren) anfällig für Depressionen sind; sie fanden heraus, dass Menschen mit dunkelbraunen Haaren signifikant häufiger depressiv waren als Menschen mit blonden Haaren. Der Kieferling erschien meinem Vater als eine Art Ausdruck dieser Forschung, als eine Bestätigung, denn auch der Kieferling hatte dunkelbraune Haare. Mein Vater war besessen von Kieferlingschwangerschaften, von der Entstehung der Keimzellen, von der Funktion des Genmutationsprozesses, von der Entstehung neuer Körperteile, aber eben auch: von der Entstehung von Zuneigung und Liebe. Er hatte sich immer wieder an den Bildschirm geheftet, wenn ich mit meiner Mutter im Garten rumgegangen war oder wenn ich mich mit meinen Freunden auf der Terrasse verabredet hatte, und die neuesten Nachrichten über die Prozesse der Zellteilung, der Genmutation und der Auslese durchgeblättert. Pausenlos. Rote Haut, Zwischenzellmutation, Dauerfolgen – beispielsweise Fruchthiebe, die sich durch die Haut bohren –, die Entstehung neuer Organe, die Entstehung neuer Körperteile, die Entstehung neuer Hirnregionen, die Entstehung neuer Hirnteile, die Entstehung neuer Hirnstränge, die Entstehung neuer Hirnströme –, alles war für ihn ein Beweis dafür, dass die Menschen nicht nur durch unbiologische Evolution an die Oberfläche der Natur gekommen waren, sondern dass es auch genetische Faktoren gab, die die Menschen dazu brachten, sich für andere Menschen zu interessieren.

Meine Mutter war dagegen, dass ich den Kieferling behielt, als wir ihn dann doch abholten, nachdem mein Vater ihn erst nicht einkaufen wollte. Für meine Mutter war ein Kieferling eine halbe Milliarde Euro wert, eine Verschwendung. Sie wollte ihn nur abholen, um ihn dann im Garten zu entschlachten, aber ich verhinderte das, denn mein Vater hatte mir gesagt, dass es besser sei, ihn in der Forschungsstation zu behalten, wo er sich in Ruhe von der feuchten Hitze des Sommers erholen könne. Meine Mutter schüttelte den Kopf und meinte, dass ich den Kieferling schon bald vergessen würde, dass ich ihn schon bald vergessen würde, dass ich ihn schon bald vergessen würde. Aber ich weiß nicht, woher meine Mutter diese Fähigkeit hatte, abzuschätzen, was ich schon bald vergessen würde. Wahrscheinlich trägt sie dieses Wissen in sich.

Jedenfalls, sie machte sich über meinen Vater lustig und meinte, er trage immer genau dieselbe Sonnenbrille, die er bei meiner Entstehung getragen hatte, weshalb er die Gesichter seiner Kinder immer mit dieser Sonnenbrille betrachtete, also alle ohnehin braunhaarig erschienen, nur ich hatte blondes Haar, aber das lag nicht an meinem Vater, das lag an mir. Die Ehe meiner Eltern drehte sich nur noch langsam um mich herum, abgeschmiert mit Drohungen, dass ich in der Ferne verschwinden würde, wenn er uns zurückließ.

Eine Woche später, als der Kieferling schon mehrere Wochen alt war, sicher schon vollkommen kahl und unscheinbar, fand ich ihn in einem alten Eimer im Garten. Tief im Eimer, in Wassertropfen gehüllt, befand sich der Kieferling, der sich von seinem Körper abzeichnete, als sich die Keimzellen seiner Kleinehaut verwandelten. Mein Vater hatte mir gesagt, dass die Keimzellen immer so aussehen, weil der Kieferling immer die gleiche Form hat, er hat keine Atome, wie alle anderen Organe, er hat Einschlüsse, die sich durch die Haut bohrend durch die

Blutgefäße hindurch ausbreiten. Seine Forschungsergebnisse zeigten, dass die Keimzellen des Kieferlings immer ähnlich aussehen, also in der Form eines entspannten Zwirns, und erleichtert war er, als man dieses Bild auf die Fotos der Forschungsstation übertragen konnte. Daher war er so erstaunt, als der Kieferling ihm mitteilte, er sei schwanger. Denn, meinte er, der Kieferling habe ja nur in der Keimzelle für den Kreis der Atome, die in ihm vorkommen, wirkungsmittelbezogene Mutationen ausgetauscht, aber keine genetische Variation, die die Form der Keimzelle beeinflusse. Damit war die Forschung vergebens; alles, was der Kieferling zu sagen hatte, war: »Ich bin schwanger.«

Globally, das Fieber in der Stadt ist hoch. Vielleicht gibt es sogar einen Impakt, und der Leitstern ist von den Behörden einer ausländischen Regierung untergebracht worden. Die Oberinsel, also Sylt, ist noch leer; ich möchte niemandem etwas aufdrücken, ich werde mich weigern, allein zu sein, Viren hin oder her. Geld kann ich nicht finden, Kaffee verstehe ich nicht, das Bier, das ich trinke, erinnert mich an etwas, aber ich kenne den Ort nicht mehr. Meine Kognition ist geschwächt, ich verliere den Zugriff auf die Umwelt.

Sylt ist eine Wüste. Darum ist der Kongress auch hier.

Gestern Abend haben wir uns zum ersten Mal auf diesem Kanal getroffen, in dem wir sind, im Modul der Küstenwache, wo sich vor dem Haus ein kleiner Holzbau befindet, mit Hunden, und mitten auf der Straße steht ein großer Mann mit einem gelben Hemd und einem riesigen Stoffbeutel.

»Hier in Sylt«, sagt Jellyfish P, »ist die Einbringung der Wurzeln des Menschen zu finden.«

Ich nicke ernsthaft.

»Das habe ich gerade auch gelesen«, sage ich, »und es stimmt mich doch irgendwie überzeugt.«

Mein Handy rattert in meiner Hosentasche, ich schaue es an. Geduld, ich schaue es an.

Dann stellt Danyi die Frage: »Warum erzählen sie keinem von uns, dass es sich um eine Bühne und eine ausländische Arbeiterfassade handelt und nicht um die Hauswirtschaft, in der sich ein älteres Gehirn befindet?«

Eine Antwort auf die Frage hatte Jellyfish P nicht, ich entscheide mich für eine neue Frage: »Wie ist das, wenn die Menschen nicht mehr sagen, was sie sind?«

Antwort: »Wie ist das, wenn sie nicht mehr sagen, was sie wollen?«

Geduld, ich schaue ihn an. Das Fiasko ist beendet, als Jellyfish P die Frage zu seinem ersten Einsatz auf dem Kanal stellt: »Wie ist das, wenn die Menschen nicht mehr sagen, ich bin ein Mensch?«

Haarfarbe entspricht der Farbe des Lichts. Jellyfish P ist weiß wie die Sonne, Danyi erscheint gelb, weil er es kann; ich bin grün, weil ich aus einem grünen Gebirge stamme. Wusstest du eigentlich, wer ich bin?

Neben einem Baum befindet sich ein kleiner Kiosk. Ich entscheide mich für einen Kaffee mit Kokainspice; ich wünsche mich zurück in den Alligator-Park in Ramonas Gesprächsmodul, was schwierig wäre, weil ich in der letzten Woche mit einigermaßen abgerückten Impulsen versucht habe, mich für zwei Tage in der Vergangenheit zu orientieren.

Ich setze mich auf ein Stück Platz vor dem Kiosk und kann mich lächerlich gut an einen Bericht von 1999 erinnern, den ein Mann in Miami schrieb, bei dem es um einen Absturz mit einer Boeing der kalifornischen Airline Southwest ging. Der Pilot und einige andere Passagiere hatten das Flugzeug um zwei Uhr nachts an einem Strand in Fort Lauderdale erreicht, wo sie sich auf ein Plastikschild gesetzt hatten, um ihre Drogenabhängigkeit zu verbergen.

»Sie kauften sich ein paar Pillen, ließen den Geschäftsgang betreten, kauften Kokain, schwänzten das Geschäft, das durch eine Art Türöffner zu den Wohnungen des Todessäugers führte, zogen das Geld ab, stanken und gaben sich eine Tasse Kaffee aus.«

Nein, ich kann mich lächerlich gut an die gesamte Woche erinnern, in der wir durch die Strände von Miami geglitten waren und versuchten, auch nur eine Handvoll Menschen kennenzulernen, die aus Angst vor den verzerrten Gesichtern unseres Trios keine Nähe zu uns haben wollten. Keine einzige Künstlerin war mehr da. Auch die Menschen auf den Straßen waren geschrumpft und unauffällig, es lag in der Luft ein mildes Feuer, ein schöner Sonntag, die Stadträume liefen flimmernd, als würde man das Universum sein. Aber keine einzige Künstlerin, keine einzige Menschenkommune, keine einzige Artworke- oder Kunst- oder Lebensmittelei. Tod und Leere, robotische Nacken, geschwollenen Augen und verschwitzte Hände, die mit dem Schmuck von Lebensmitteln, Geschirr, Fahrrad- und Rollos in Berührung gekommen waren, die sich mit ihren kleinen Schätzen von Einwegflaschen und anderem Zeug in Verbindung gesetzt hatten. Keine Künstlerin, kein Maler, keine Bildnerin, kein Dichter, keine Schauspielerin, kein Doktor, kein Psychologe, keine Architektin, kein Mathematiker, keine Wissenschaftlerin, kein Schreiber, keine Schriftstellerin, keine Tierärztin, kein Biologin, keine Chemikerin, keine Lehrerin, kein Krankenschwester, keine Krankenpflegerin, keine Schauspielerin, keine Sprecherin, kein Sozialpädagoge, keine Soziologin, keine Tänzerin, keine Tierpflegerin, keine Krankenschwesterin, keine Waffenreederin, kein Rechtsanwalt, keine Psychologin, keine Bürgerin, keine Frau, sondern nur: ________________.[1]

Durch den Kaffee mit Kokainspice konnte ich mich auch zwischenzeitlich nur an ein paar konventionelle Nacktszenen erinnern, die wir am Strand aufgeführt hatten, aber auch an das nasse, schwere Eis, das auf unseren Schuhen hing. Später fand man Fotos und Videodateien des Trios, das sich auf meinem Platz befunden hatte: »Die Mädchen dachten, sie würden in diesem Kiosk überleben, zumindest auf der einen oder anderen Seite.«

Ich wollte ihnen vom Kieferling erzählen und wie er dem Teichenkopf entkommen war. Dabei hatte Lint ein Problem, temporär gelähmt zu sein, was ich für eine der erstaunlichsten Lösungen für das Problem hielt, keine Lust auf meine Reden zu haben und stattdessen aufzustehen, um nach der Wohnung der Nachbarin zu fragen. Er kannte die Stelle genau, aber nicht ein einziges Mal hatte er seine Augen von ihr abgewendet, weil er die Angst hatte, dass man entdecken würde, dass er nicht wirklich nach der Familie fragte, und weil das Telefon gedrängt hatte, nichts von der Bekannten des Künstlers zu erzählen.

Sie hieß Lina und schon wussten alle, dass sie eine junge Frau war, die früher in der nächsten Schule geschlagen worden war und dort von einer Gruppe von übermütigen Lavinia-Greß-Mädchen, die die Vorhänge

[1] Eine nicht bezeichnete Person.

hochklappen wollten und die sich vom Himmel in den Büros blutig kratzten, überfallen wurde. Es war unschön, aber lange her.

»Kann ich euch noch ein Glas Wein hochfahren?«, fragte Lina. »Das klappt nicht ohne die Geschichte.«

»Erzähl«, sagte ich, »ich kenne die Geschichte nicht, denn ich bin in Miami geboren, als meine Mutter den Kieferling versteckte.«

Und Lina begann, mir ihre Geschichte zu erzählen.

»So um 1998 – ich dachte, ich bin 14 – kamen plötzlich Kinder auf die Oberfläche und sagten, ich sei älter, als ich alt bin. Ich wurde zwanzig, dann dreißig und so weiter. Rätselhafterweise kam einer meiner Mitschüler und fragte mich, was passiert sei, dass ich älter würde, und ich antwortete, er müsse mir was antun, damit ich davon austreten könne. Doch wurde ich von einer Droge namens Relupin erfasst, die ich vor fünf Jahren mit einem dezenten Jüngling schluckte, der überall hinging, wohin ich ging, und irgendwann war ich überfüttert davon. Jedenfalls, die Versicherung hat ihre Ansprüche: Ich kann meine Wohnung nicht mehr betreten, kann einen Telefonoperator nicht mehr betreuen, kann nicht mehr in Höhe des Gebäudes stehen oder den Vapor ansetzen; ich kann nicht mehr zu meinem Pantrottel niedergehen. Also hat die Versicherung nicht nur die Ansprüche, sondern sie hat die Übertragung des Nutzer-Ichs auf sich selbst. Inzwischen bin ich nicht mehr als einmal im Monat in der Wohnung, heimlich, weil ich angefangen habe, mich so zu fühlen wie mein Vater. Ich bin jetzt etwa hundertzwanzig und kann das nicht mehr ertragen. Denn wenn ich lange genug in der Wohnung sitze, verschwindet meine Familie hinter der Versicherung, die sie schützt. Für die Versicherung ist es nur eine Frage der Zeit, bis mein Vater nicht mehr im Haus ist, bis ich nirgendwo mehr am Leben bin, bis ich mich nur noch langsam in meinem Zimmer umdrehe, auf meiner Couch liege; und das ist eigentlich der Punkt, an dem ich mich gerade befinde und beginne, alles revisen zu wollen: Wie viel Zeit wurde mir verloren, weil niemand sich entschlossen hat, mich zu suchen? Und daher lautet die Lösung: Ich muss meine Person ausfindig machen, sie finden und wieder in die Hand nehmen, muss dicht bei meinem verlorenen Ich sein und mich verstehen. Anders könnte ich nicht leben.«

So anders war diese Geschichte als meine vom Kieferling – dass ich nicht durch einen Drogenfall geschädigt wurde, dass ich nicht von einer plötzlichen Veränderung beglückt war, dass ich dieses vergraulichte Treffen mit einem völlig normalen Menschen nicht schmählich verlor und dass mir jemand nicht zu dreißig vorkam und mir eine schattenlose Vergangenheit erzählte. Aber ich mochte Lina, ich mochte sie, ich mochte, wenn ich es nur hätte machen können, alles, was den Gegensatz zu ihr unterschied, etwa, dass ich nicht mal in Miami geboren war, dass ich ja angeblich geistig nicht dazugekommen war, mich umzubiegen. Ich war nun mal einfach ein ganz normaler Mensch und nicht von irgendeinem hochgefährlichen, generischen Verderben erfasst worden, weil das zumeist nicht passiert. Und trotzdem verstanden wir einander.

DATE: Dienstag, 11.07.11, 06.11 Uhr
FROM: Jellyfish P <jellyfishp@gmail.com>
TO: Lint <lolguy@tutanota.net>
SUBJECT: Das Ende des Wirkens der Insel.
CONTENT-TYPE: text/html; charset=utf-8

MESSAGE: Lint, die Zeit der Störung ist auf der Oberinsel angekommen. Die Insel hat sich komplett verwandelt. Man kann sie nicht mehr vor den Augen stehen sehen. Für den niedrigen Kongress hatte der Mann das Eingeständnis getan, es sei zu spät und die Insel würde bald nichts mehr verändern können. Denkst du, ich würde das Ende der Insel nicht wahrnehmen? Natürlich. Komm mit. Ist auch gut für dich. Gestern war das letzte Mal, dass du mich gesehen hast, weil du immer selbst dabei warst, wenn du das Video auf der Insel erschossen hast. Die anderen haben es wohl auch so gesehen. Kannst du uns sagen, was es bedeutet? Mir? Ich möchte es nicht wissen. Kannst du mir sagen, ob du dieses Video geteilt hast? Wir haben es in der Lobby gesehen. Haben sie das auch? Wie ist es dann auf der Oberinsel zugegangen? Ich jedenfalls bin zurückgegangen. Diese Rückkehr zur Oberinsel ist eine schlechte Nachricht, wenn man sie mit einem schlechten Gefühl in sich führt. Ich bin sehr traurig. Vielleicht kommst du morgen früher raus. Kann ich einfach das Video löschen? Nein. Warum? Alle Inselbewohner werden es tun. Ich bin noch nicht fertig mit meiner Arbeit. Du hast einen Job, Lint, aber du bist bei dieser Arbeit zu häufig weggeblieben. Es ist nicht gut für dich, der Erste zu sein, der auf der Oberinsel kontrolliert wird. Der letzte Mann ist nicht zurückgekehrt. Ist es die letzte Zeit, die ich für dich halte? Kannst du uns sagen, ob diese Insel-Kontrolle das Ende ist? Nein. Lint, weißt du, es ist nicht wirklich das Ende der Insel.

Ungläubig schweigt ihr Ohren

Ramona hielt davon nichts. Sie sprach über Lint, sprach über Danyi, sprach über Jellyfish P. Über Lint sagte sie: »Das ist ja alles Ironie, Lints Gefühl fürs Gebet, Lints Versuch, sich aufzulösen, während er dabei ist, das zu tun, was er dabei ist, zu tun, und was niemand vor ihm hatte tun können, wie er sagt.« Über Danyi sagte sie: »Habe ich dir mal erzählt, wie Danyi mir von seinem Reisegepäck erzählt hat, mit dem er sich schon immer gewünscht hat, mal zwei Jahre auf der Kante eines Eisbergs zu sitzen und in die Wüste zu gehen?« Über Jellyfish P sagte sie: »Ich war nur einmal in Miami, um den Mann kennenzulernen, der versucht hat, erst mal alles auszutrocknen, aber dann stieß er auf ihn, einen echten Jinglepicker, und da war er zum ersten Mal seit seiner Kindheit glücklich.« Ramona mochte die Rolle, die sie bei diesem Gespräch drei Meter über dem Boden spielte, aber sie wollte dann immer über Co-Yoga sprechen, das sie in Miami betrieb. So hatten wir uns ja überhaupt erst kennengelernt, so aber auch voneinander verabschiedet.

Und ohne sie hätte ich den niedrigen Kongress wohl früher erwartet.

Was soll ich sagen über den niedrigen Kongress? Vielleicht, dass er in einer Welt vorhanden ist, in der es keine Welt mehr gibt, nur die Welt, in der ich lebe. Das ist dann auch eine Frage, ob man sich daran erinnert, dass es eine Welt gibt, in der es keine Welt gibt. Der nie verloren geglaubte

Kongress ist eine Welt, die man nicht verloren geben kann, weil sie ein Teil des Universums ist, das wiederum ein Teil des Konferenzgebäudes ist. In diesem Universum ist es so, dass man auch dort eine Welt finden kann, in der es keine Welt mehr gibt, nur die Welt, in der ich lebe.

Der niedrige Kongress ist auf der Oberinsel. Er ist wie eine Droge, die in sich zusammenfällt, wenn sie für das Licht genutzt wird. Der niedrige Kongress unterteilt die ganze Gesellschaft in vier großen Gruppen: Erstens gibt es die, denen eine Verantwortung zugemutet wird, die aus einer Familie stammen und deren Vater oder Mutter an einem unerträglichen Leid erkrankt ist. Zweitens die, die auf ihre eigenen Fantasien setzen, wenn die Gruppen aufeinandertreffen, um sich einen Vortritt zu verschaffen, um sich zu bewegen. Drittens gibt es die, die denen, die vorher schon geschlafen haben, zu ihrer Gesundheit verhelfen, und dazu zähle ich. Vierte Gruppe: die, die nichts zu sagen haben; die, die sich auf ihren Geräten verstecken; die, die wegen ihrer Leichtigkeit einfach nur weitermachen. Dieser Niemand-Kreis, wie er einmal genannt wurde, ist durch die unerbittliche Einfachheit geschaffen, in der es keine Ausnahmen gibt.

Wenn man über den niedrigen Kongress spricht, dann immer in der Erinnerung an den höheren Kongress, der es nicht geschafft hat. So geht das, wenn man einen Kongress erschaffen will: Die Wälder werden nicht verschwinden, auch wenn man sie nicht mehr betrachten möchte, sondern das Ganze wird verschwinden, und die Wälder sind ein Teil davon. Das Ganze, zu dem auch die Wälder gehören, ist der niedrige Kongress. Der wiederum ist ein Teil des Kongresses, der dort in einem großen Saal der Oberinsel angelegt ist, auf dem man eine Art Kulturabteilung sieht, die aus einem großen Büro mit dem Namen »Kulturabteilung« kommt, das sich in einer Ecke des Kongresses befindet. Sehr verwickelt ist der niedrige Kongress also bereits aufgrund seiner selbst, weil er in sich selbst ein Teil ist. Aber verwickelt ist ohnehin alles.

Deshalb auch keine Antwort auf die Frage, was denn zum Teufel das gebracht hat, nach Sylt zu kommen. Als ob man damit etwas anfangen könnte, das Ganze nicht mehr zu betrachten und nicht mehr im Kopf zu haben. Der Kongress, wenn er etwas verschwindet, hat ein ganzes System ausgebaut, das klar definiert ist, wie ich es besser nicht beschreibe. Das sieht man aber, wenn man ihn sieht, wo man zuvor, weiß nicht wie, in den Abwägungen hing, wo man einen Blick hinschob, denn der Kongress ist von der Erde verschwunden. Der niedrige Kongress, der ist ein Teil des Kongresses, der sich in einem großen Saal befindet, auf dem man eine Art Kulturabteilung sieht, die aus einem großen Büro mit dem Namen »Kulturabteilung« kommt, das in einer Ecke des Kongresses angelegt ist, die jedenfalls sehr nah an dem Hotel ist, denn wir sind ja schon seit einer halben Stunde hier. Nun ja.

Wir sitzen an einem Tisch, der weit genug zurückverdichtet ist, um unseren Körper zu verstecken, und an dem hinter uns einige Schulterstützer Platz nehmen. Sie sind eigentlich allesamt aus dem Umfeld, aber tun so, als ob sie uns nicht kennen. Irgendwie ist es mir zu viel.

Die Schulterstützer stützen nicht mehr, so könnte man auch denken, sondern stützen sich einfach nur so sparsam über mich hinweg. Gemeinsam mit den Horizontlichtern befeuert uns eine einzigartige Nachricht: Es gebe, heißt es, nicht einen Kongress, sondern zwei Kongresse – und dann werde ich aufgeregt, weil ich in einer Welt lebe, in der es zwei Kongresse gibt.

»Frühlingssturm« (30. März) u.s.w. u.s.w. u.s.w. u.s.w. u.s.w. u.s.w. u.s.w.

LINA: »Ich habe alles von Lavinia Greß gelesen, alles von Peter Kegel, alles von Marion Mierns.«

ICH: »…«

LINA: »Sie sind alle so schrecklich aufgewacht.«

ICH: »…«

LINA: »Ich weiß noch, wie sie sich das einmal anschauten, also die Theorie-Projekte, weil sie von mir angefragt wurden. Damals wusste ich noch nicht, dass es ein Tag würde, an dem wir alle wach werden.«

ICH: »…«

LINA: »Unsere Gruppe braucht einen Unterschied.«

ICH: »…«

LINA: »Und du bist der Schlimmste. Ich weiß, dass du die Welt mit Lavinia Greß verbindest.«

ICH: »…«

LINA: »Du willst, dass sie eine Person ist, die sich weiterhin nach der Wahrheit und nach den Grundwerten u.s.w. u. s.w. u.s.w. u.s.w umsieht. Sie soll, zusammen mit dir, an der Wiege der Wahrheit anknüpfen.«

ICH: »…«

LINA: »Und ich? Was soll das für eine Rolle für mich sein?«

ICH: »…«

LINA: »Ich bin ja auch nicht böse auf dich, ich will nur nicht, dass du verschwindest.«

ICH: »…«

LINA: »Du siehst die Menschen nicht, die sie erzählt.«

ICH: »…«

LINA: »Und sie erleben die Gefahr.«

ICH: »…«

LINA: »Lavinia Greß ist auf dem Weg nach oben.«

ICH: »…«

LINA: »Und wir sind noch nicht so weit, dass wir zusammen ankommen werden.«

ICH: »…«

LINA: »Als wir hier ankamen, haben wir alle gerade in der Wohnung geschlafen und haben weiter in der Erinnerung nach Lavinia Greß u.s.w. u.s.w. u.s.w gesucht u.s.w.«

ICH: »…«

LINA: »Wir sind nicht besonders, wir sind nicht sehr viel mehr als menschliche Wesen, aber wir kennen eine Geschichte.«

ICH: »…«

LINA: »Es ist eine Geschichte, die uns alle bewegt. Die Lebensviren, die Lavinia Greß eingefangen hat, laufen auf uns zu.«

ICH: »…«

LINA: »Es gibt nur einen Weg u.s.w. u.s.w. u.s.w. u.s.w. u.s.w u.s.w.«

Auffliegende Fluggäste

Lint hatte es nicht recht gegeben, bevor er dabei war, sich in Jellyfish P zu verlieben. Danyi, Jellyfish P, Lint, Lina und ich waren zu dem Zeitpunkt, also viel später, noch nicht im entscheidenden Stadium der Pilgerforschung, sondern nur noch in der Entwicklung unserer Theoriestrategien zur Pilgerforschung, sozusagen im Anfangsstadium oder sogar noch im Entstehungsstadium zur Pilgerforschung, also ihrer Theorie, oder, wie Danyi es sagte: »Ihr habt noch nicht mal die Grundlagen der Pilgerforschung geschrieben; ihr seid noch nicht mal Pilgerforschungsteilnehmer, nur Pilgerforschungspioniere, nein, Pilgerforschungshilfskräfte.«

Wir alle stimmten kleinlaut bei, weil wir nicht wussten, ob wir uns wirklich mit Jellyfish P solidarisiert hatten oder ob wir nur eine neue Form der Pilgerforschung inszenierten, um uns von unserer eigenen Unfähigkeit, etwas zu tun, zu überzeugen.

Jellyfish P wiederum kannten wir nur über die Medien.

Ich hatte mich schon immer für die Menschen interessiert, die etwas gegen ihr Heimatland verloren haben; Jellyfish P war ein besonderer Mensch. Er kannte Lint von 1channel, war selbst aber nie im Netz aufgetaucht, sondern immer nur in Kommentaren unter Lints Videos. Sie waren fast Klassiker, das heißt, sie drehten sich in einem Kreis der Verachtung, Häme und Zwietracht, weil die Menschen in den Netzwerken über einen nicht informiert waren. Jellyfish P nannte sich selbst »Pig Pig« und machte sich über die Entfernung, in die er sich begeben hatte, lustig; nachts sei es immer dunkel, sagte er, und jeder wisse es, alle wüssten es, und niemand würde es jemals offenbaren, aber alle würden es ständig verkünden. Nachts schrieb er auch seine Kommentare unter Lints Videos. Manche waren von besonderer Brisanz, manche waren sogar schon in mehrere Artikel gestückelt worden, mit der Begründung, dass das Jellyfish P als Beweis dienen würde, dass Lint und die Kunst-Industrie sich nicht schuldig machten.

Einer lautete: »Lint, du Scheißkünstler, du schaffst es nicht mal, die Tastatur aufzumachen, du brauchst dich nicht drum zu krummen, du wirkst abgeklärt, du bist ein Mensch, der abläuft.«

Ein anderer: »Lint, du hast noch keinen einzigen Kommentar zu deiner Fahrt auf die Oberinsel gemacht, wo du das Geld, das du mir verschroben hast, wieder hättest abholen sollen.«

Es gab aber auch solche: »Lint, du bist ein echter Mann, du bist ein echter Mann, ein echter Mann, Lint.«

Völlig überraschend war auch: »Lint, kümmerst du dich um die Welt?«

Danach achteten wir mehr auf ihn.

»Lint, geh auf die Oberfläche, aus Miami nach Berlin. Auf die Oberinsel.«

Er wusste etwas, wussten wir. Daher kamen wir ihm zu Hilfe, als Jellyfish P uns anbot, uns durch die Geschichte zu erzählen, die wir damals zu erzählen versucht hatten. Lint war da schon ganz in ihn verliebt.

Die Verbindung zwischen unserem vagen Plan zur Weltverbesserung und der Pilgerforschung war nämlich die folgende: Entschieden wir uns für eine Pilgerforschung, weil wir uns nicht entscheiden konnten, was wir tun sollten, so konnten wir uns aber auch nicht nicht entscheiden, was wir tun sollten, wenn wir uns nicht entschieden, was wir tun sollten. Wir waren uns also einig, dass wir uns nicht entscheiden konnten, was wir tun sollten, und dass wir uns auch nicht nicht entscheiden konnten, was wir tun sollten, wenn wir uns nicht entschieden, was wir tun sollten. Wir waren uns also einig, dass wir uns nicht dazu entscheiden konnten, was wir nicht tun sollten, und so war unser Unterfangen eine formlose, vage, entscheidunglos zustande gekommene Entscheidung, eine pilgernde Entscheidung, eine Entscheidung, die wir nicht in die Wege geleitet hatten, sondern deren Weg wir beschritten wie der Heilige Geist, der in einem Gebetsteppich steckt, eine Entscheidung, die in den Füßen der Pilgerforscher auf dem Weg zur Weltverbesserung steckte. Das war natürlich eine Metapher, aber auch eine wirkliche, fundamentale, entscheidungsorientierte Pilgerforschung im Angesicht des Nichtstuns, das uns alle umgab.

»Für den Rest von meinem Leben, Lint, für den Rest meines Lebens werde ich ständig den Wunsch verspüren, die Forschung auf Theorien zu konzentrieren, die aus den vielen Einzelaspekten einen Gesamtbereich bilden, der ein einheitliches Gesetz beschreibt, das sich in allen Einzelaspekten widerspiegelt.«

Das ist nicht das Gleiche

Miami hatte aber auch Probleme mit sexueller Reproduktion. Die war nämlich besonders mobil, weil sie auf die Niederlagen, Begegnungen und Vorbereitungen heimischer Gegner verteilt war, weshalb sie ständig neue Verteidiger brauchte, die sich mit ihr unterhielten. Und sie war in Gefahr, denn die Hälfte aller Männer unter fünfzig brach in den Folgejahren ihre Beziehung ab, weil sie zu viel Zeit in den Badezimmern, in den Räumen und unter den Betten verbrachten. Die andere Hälfte verharrte in monogamen und häufig sexistischen Beziehungen. Niemand hatte die Zeit, die Kinder in der Schule zu halten, um sich dann um die Sexualkontakte zu kümmern, und viele Familien mussten aus finanziellen Gründen ihre Familienoberhäupter in Klimaanlagen verfrachten. Sex in Miami bestand hauptsächlich aus Einkaufsbummel mit Paaren, die zwischen den Geschäften umherliefen und in der Straßenbahn saßen oder im kybernetischen System der Triebwerke, die sich ineinander verstrickten. Niemand wusste, was hier passierte, und auch die Behörden wussten nichts von den ständigen Angriffen auf die Stadt und den sie betreffenden Geschlechterverkehr. Sie wusste nur, dass es keine Masse war, die hier stand und den ganzen Tag wartete. Küstenwarmer Sonnenuntergangsstil, grundlegende Massenspuren, offen betriebene Hinterwäldlerhändel – es waren viele einschlägige Motive, aber Menschen mit diesem Geschmack, die diese Kleidung trugen und sich hinter verschlossenen Türen anstellten, in der Hoffnung, das Zeitalter der Wiederkehr des Atlantiks zu starten, waren nicht Teil der Fachzeit, von der so viel geschrien und gekündigt wurde.

Wer Intimität wollte, musste sich auf den Boden fallen lassen und sich dort vergleichen mit den Träumen der Nacht, mit den Knoten und Gegenständen, die dort herumstanden, mit der Wand, die sich selbst trug, mit den Häusern, die sich umherdrehten. Miami war die größte Stadt an der Mittelamerika-Halbinsel, ein Ort der Einsamkeit, in der niemand aufhören wollte, wo die Menschen ihre Enttäuschungen, Hemmungen und Widerstände in die Luft schossen, wo die Stadt, wie ein Wurm auf einem Wundfleisch, durch die Luft schwebte und der Tod sich ausgesprochen hatte, und alle Hoffnungen in die Welt und in die Zeit waren gestorben. Wer Intimität wollte, musste eigentlich zu den Wüstenstammlern des Südwestens fahren, wo man über den Dschungel und die Tiere reden konnte, wo man entscheiden konnte, wie und wo man leben wollte, wen zu lieben erlaubt war, wo man sich ausdrücken konnte, wo man eine Hand reichen konnte, wo man einen Menschen hinter sich herbegleiten konnte, wo man sein Kind adoptieren konnte, wo man überleben konnte, wo man sich kleiden konnte, wie man sich vorstellte, was es bedeutete, eine Person zu sein, die aus diesen düsteren Orten hervorkam und sich mit Leidenschaft ins grell erleuchtete gelbweißliche Miami stürzte, das dann wie Berlin erschien und zu explodieren begann, als würden alle auf einmal schwanger.

Der Kopf schwankte in der Luft, ich versuchte, mich zu stabilisieren, meine Nackenmuskulatur beruhigte sich, und ich stellte mir vor, wie mein Körper langsam begann, sich aufzurichten. Ich atmete schwer, als hätte ich ein schlechtes Geheimnis gehütet, als hätte ich ein Rätsel in der Luft liegen lassen. Lina sprang aus dem Nähenähe-modul und landete mit einem Wippen vor mir. Diese Art der Nähenähe war so programmiert, dass man sich, wenn man im Eimer war, unvorhersehbaren Hindernissen für die Fortbewegung aussetzte, indem man sich bewegungsunfähig dabei hinstellte und die Arme vor dem Bauch weit vor das Gesicht presste, damit man sich nicht zurücklehnen konnte. Dann war man abgeschlossen und konnte nur hochschaukeln, wobei man die Beine in der Luft und den Oberkörper an der Decke hochhob, um nicht zu fallen. Die Maschine half, indem sie die Beine von den Beinen des Menschen abzog und indem sie sich an die Brust presste und die Beine an die Decke drückte und indem sie einen in die Luft gedrängten Menschen nach der Hochschaukelung dann wieder fahren ließ.

»Es ist nur eine Frage der Zeit, bis sie uns finden«, sagte Lina.

Ich nickte. Das war wie mit der Suche nach dem zweiten Kongress: Man sucht sich das Ziel durch den Dschungel, weiß aber schon vor dem Anblick des Dorfs, wo das Ziel liegt, und trotzdem will man durch den Dschungel ziehen.

Dann kam es mir komisch vor, dass ich mich eigentlich in einem riesigen schwarzen Kugelkeller befand. Die

Nähenähemodule waren offiziell als Baupläne bezeichnet worden – als hypothetische, nie Wirklichkeit gewordene Modelle, die nicht den Anforderungen an die tatsächliche Umgebung genügten –, aber man konnte sie auch als Metallkugelhaufen oder Schildkröten aus Bauunternehmungen ansehen, die aus zahlreichen Teile bestanden. Wir hatten den Zugang zu den Nähenähenmodulen angeboten bekommen, als es hieß, die Stadt in ihrer Höhe von fünfhundert Fuß würde vom Atlantik abfallen, und man im Hafen den gesamten Bereich mit E-Zusatzlampen und Drohnen systematisch abzudecken vorhatte. Nichts dergleichen geschah, aber die Behörden schauten für einen Moment blitzschnell nicht hin und rückten von unserem Ungebot leicht fasziniert ab. Stattdessen lernten wir, dass die Nähenähemodule als eine Art Lagerungspunkte für Menschen dienten, die sich nicht in der Lage sahen, sich in der neuen Stadt zu orientieren. Das war ja klar: Die Stadt war nicht in der Lage, sich von den nächtlichen Bauten und Einrichtungen zu befreien, die sich unterhalb der Stadt befanden, und die Menschen wussten nicht, wo sie hingucken sollten, und gingen eben zu den Einrichtungen.

»Das kann ich mir vorstellen«, sagte ich. »Leichtbauten gibt es ja auch.«

Das blaue Licht. Teil 1 von 2

Der Reporter von *Der Reporter*, der mich zurück nach Miami gebracht hatte, war ein Mann, der sich als Reporter bezeichnete, aber ich glaube, dass er ein Agent der Ãää war. Wenn ich mich nicht irre, war er ein Agent der Ãää, der die Ärzte in der Stadt kontrollierte, der kontrollierte, ob sie die Kranken in den Krankenwagen schleppten, ob sie die Kranken in die Kliniken schleppten, ob sie die Kranken in die Krankenhäuser schleppten. Oder vielleicht war er ein Agent der Ãää, der die Kranken in die Krankenhäuser schleppte. Ich glaube, dass ich das nicht verstanden habe, denn er sagte, dass die Kranken in den Krankenhäusern schleppten. Er hatte nicht gesagt, dass die Kranken die Kranken in den Krankenhäusern schleppten oder dass die Kranken in die Krankenhäuser geschleppt wurden. Von wem, weiß ich nicht, aber ich glaube, dass ich das nicht verstanden habe, ich glaube, dass ich das nicht verstanden habe, was es heißt, dass die Kranken in den Krankenhäusern schleppten. Der Reporter hat mir gesagt, dass die Kranken in den Krankenhäusern schleppten, aber ich glaube, dass er das nicht gesagt hat. Huch. Löscht das nicht, lasst das auf dem Band. Manche Leute sind nicht in der Lage, sich zu entschließen. Die Ãää lag in einem Krankenhaus, und sie hatte einen Herzinfarkt. Es war ein schrecklicher Ort. Dort lag sie, und sie hatte einen Herzinfarkt.

»Sie werden mir schon helfen, euch dort hinzuzufügen«, sagte der Reporter.

Er war ein kleiner Typ, ein in gewisser Weise etwas ängstlich klingender und ernster Mann, wie ein Pionier in einem uralten Krieg. Seine Augen waren die grünweißen Augen einiger jener, die in den Städten dieser Welt auf der Suche nach Informationen oder Geld sind. Er trug kurze Hosen und ein T-Shirt, das er durch einen Lederring ersetzt hatte; darunter trug er ein weißes Hemd. Auf den Händen hielt er ein paar Bücher; ich sah, dass er ein Buch über die Ããänfänger besaß und fragte ihn: »Was steht da drin?«

Er erschrak, als er mich sah, und sagte: »Ich habe nichts davon gelesen.«

Ich fragte ihn, ob er die Ärzte in der Stadt kontrolliere.

Er sagte: »Ich habe nichts davon gelesen.«

Wir schwiegen eine Weile, dann sagte ich: »Ich habe nichts davon gelesen.«

Lint kam zu uns, als wir noch in der Klinik waren; er hatte sich die ganze Zeit über versteckt, um die Ärzte nicht zu verletzen, die ihn dort suchten, obwohl er sich nicht wirklich dort verstecken wollte. Sein Gesicht war blass, und er hatte die Augenbrauen zusammengezogen, wie als wenn er Angst hatte, dass ich ihn beobachten würde. Manche Leute sind nicht in der Lage, sich zu entschließen.

»Du hast nichts davon gelesen«, sagte ich zu Lint, ich sah ihn an, als ich dies sagte, und ich fragte mich, ob ich ihn verletzen würde, wenn ich ihn anlässlich meiner Behauptung fragte, ob er die Ärzte in der Stadt kontrolliere.

Der Reporter schien über mich nachzudenken, und ich

sah, dass er sich anlässlich meiner Behauptung fragte, ob ich die Ärzte in der Stadt kontrollierte.

»Das ist schrecklich«, sagte er, und sein Gesicht wurde blass, als ich den Kopf schüttelte wie ein Mann, der seinen Kühlschrank zerstört hatte, weil er keine Nahrung mehr für seine Familie finden konnte. »Du hast nichts davon gelesen«, sagte ich.

Die Agenten der Ããä – die Ããänfänger – waren immerhin sehr klug. Manchmal hielten sie sich auch mit uns zurück, als wir sie vermissten, um uns zu informieren, wo wir sie vermisst hatten. Im Falle von Lint war das komplett anders. Lint war ein ganz anderer Typ. Lint hieß nicht Lint, sondern Lint, hatte aber einen Namen, der Lint war. Lint besaß eine ganze Reihe von Namen, die er nicht benutzte, weil er sie nicht für sich selbst hielt. Darunter waren: Lint, Lint und Doktor P. Das hatte Jellyfish P gefallen, denn einmal hatte er sich gefragt, ob er das nicht mal einmal ausprobieren sollte, also Namen zu benutzen, die nicht seine waren. So was zu benutzen, war für ihn eine Art Selbstverständlichkeit, wie wenn man einen Kühlschrank benutzt, der nicht der eigene ist.

»Das ist schrecklich«, sagte ich zu Lint, und ich sah ihn an, als ich dies sagte, und ich fragte mich, ob ich ihn verletzen würde, wenn ich ihn anlässlich meiner Behauptung fragte, ob er die Ärzte in der Stadt kontrolliere. Aber Lint war nicht einmal ein Mann, sondern ein Kind.

»Oh, das ist schrecklich«, sagte der Reporter. »Das ist schrecklich.«

Später, als wir in der Küche saßen, sagte Jellyfish P: »Ich habe eine Idee. Wir könnten eine Party machen, bei der wir alle zusammenkommen und uns über die Ärzte in der Stadt unterhalten.«

Auf meine Frage, ob er das wirklich wolle, sagte er: »Ja, das würde ich wirklich gerne.«

»Das wäre schön«, sagte ich.

Und Jellyfish P sagte: »Das wäre schön.«

Der Reporter war nicht erschöpft, er saß noch immer auf seinem Stuhl, zog seine Augenbrauen zusammen, schwenkte seine Hand, als wäre er auf einer Bühne, und ihm fiel ein, dass er einmal eine Party geplant hatte, bei der er sich mit seinen Freunden über die Ärzte unterhielt. Dabei war die Ããä komplett vergessen, denn die Klinik war alles, was noch da war. Er fragte, ob ich sie mir vorstellen konnte, ein einziges riesiges schwarzes Loch, das sich in der Nacht über Miami erstreckte. Die Klinken, die die Tür zum Krankenhaus eröffneten, waren nur noch ein paar Stückchen, die Stelle, an der die Tür hinge, war nur noch ein paar Stückchen, und die Tür selbst war nur noch ein paar Stückchen.

»Die Klinik war nur noch ein paar Stückchen«, sagte er mir ins Gesicht, »man kann sie nicht mehr sehen, denn innen ist sie nur noch ein paar Stückchen.«

Der Reporter schaute mich an, als wäre ich ein Idiot. Ich nickte. Ich war ein Idiot.

Lint drehte sich um und sagte: »Das ist eine gute Idee, mit der Party und der Klinik, denn dann kann man sich das Ganze nicht mehr so gut vorstellen. Öffne die Tür und schaue, was passiert. Sollte man das nicht machen?«

Alle waren sich einig, dass es eine gute Idee war. Man plante eine Party.

DATE: Mittwoch, 12.07.11, 07.13 Uhr
FROM: Jellyfish P <jellyfishp@gmail.com>
TO: Lint <lolguy@tutanota.net>
SUBJECT: Die Insel ist in eine andere Welt gegangen.
CONTENT-TYPE: text/html; charset=utf-8

MESSAGE: Lint, die Insel ist in eine andere Welt gegangen. Es gibt keine mehr. Niemand will mehr etwas über sie wissen, niemand mehr sagen, dass sie existiert. Komm mit. Wir sind alle eingefroren im Kiefernduft der Wirklichkeit. Wir werden nie mehr wieder in die Kontrolle zurückkehren können. Sie ist auf dem besten Weg. Was würdest du den Leuten beantworten, wenn sie fragen würden, was die Welt eigentlich ausmacht? Gegenfrage: Was ist die Welt? Würdest du mir bitte kurz erklären, was passiert, wenn wir auf der Oberinsel eine Entscheidung treffen und die Insel in den Ozean schwimmt? Vielleicht aufhören mit den Service? Die wenigen Menschen, die noch vor der Kontrolle nach uns suchen, die haben keine Chance, uns wiederzusehen, wenn sie uns finden. Aber du solltest auf der Insel die Alarmglocken läuten. Wir haben das alles überwacht, wir haben unsere Arbeit gemacht, die wir uns selbst gesetzt hatten. Wir haben keine Chance mehr, irgendetwas zu verändern. Wir werden alle sterben. Es gibt nur noch einige Dinge, die wir mit der Zeit klären müssen. Wir müssen das Schlimmste besser verstehen. Du kannst nicht mehr weit kommen, weil du dir selbst im Weg stehst, die Insel ist bereits auf dem Weg zum Meer. Ich habe dich gestern noch gesehen. Was du den Leuten antworten musst, wenn sie sich fragen, was auf der Insel passiert ist, sag dies: Dort ist eine gute Sache passiert, die bisher niemand zuvor erlebt hat. Komm mit. Die Insel ist in den Ozean gegangen. Wir sind nicht mehr in der Kontrolle. Das ist das Ende. Lint, du bist verliebt in die Wirklichkeit, in den Kieferndurft der Wirklichkeit.

Lint will auch gleich mitmachen

Ramona kannte die Ããä von vorne bis hinten. Sie war eine der Ersten, die ich kennengelernt hatte, die kaum über ihre Arbeit sprach, bis ich sie einmal fragte, was sie denn den ganzen Tag tue.

Da strahlte sie mir in die Augen und sagte: »Ich arbeite.«

»Ich auch.«

»Nicht, dass ich das nicht auch mache.«

»Ich auch.«

»Wo auch immer.«

»Jetzt bin ich hier.«

»Ein paar Minuten habe ich noch.«

»Und die Ããä?«

»Die ist hier. Sie arbeitet entsprechend lange und ist dann auch mal nicht da.«

»Was ist die Ããä genau?«

»Eine Firma, die die Ããängste aller Bürger in Miami und Berlin erschaffen will.«

Damals war es plötzlich so klar. Ich wusste, was ich tun musste. Co-Yoga war eine Scheiße, aber ich würde es trotzdem machen, denn nur so konnte ich mir die Welt vorstellen, die ich in den nächsten zwei Jahren erleben wollen würde: eine Welt, in der ich nicht mehr Angst vor der Arbeit hätte, in der ich mein Leben nicht mehr aufs Spiel setzen musste, weil ich Angst vor der Arbeit hatte.

Danyi hatte damals selber große Ããängste, klar, wegen Eliza, aber auch wegen keiner Arbeit und wegen der

Folgen, die das wegen des Künstlers hatte. Programmautoren, Aktivistinnen und Musiker mochten die Idee Berlin lieber als die Idee Miami, aber es waren doch alles und alle eine Frage der Perspektive: Was war denn schon Miami in jener Zeit, wo es nicht mal einen glaubwürdigen, echten Busverkehr gab, wo die Menschen sich in die Tiefen ihrer eigenen Stadt mit ihren eigenen Wagen abdrücken mussten, wo es noch nicht einmal ein Seeaquarium von Wert gab, wo man sich wegen Kater und Hunger nicht mal auf dem Beach niederlassen konnte, weil es dort keine Bushaltestellen gab; was war das schon für eine Stadt, wo man keine Krankenhäuser finden konnte, wo man nicht mal eine Kreditkarte für den Weg zum Strand hätte kaufen können, weil man sich im Bus vor den gefährlichen Ansteckungsgefahren der Viren schwach auf den Waden hielt, wo Ramona mal von einem Fremden gefragt worden war, warum der Taxifahrer sich aufs Dach geklebt habe, wo die Menschen sich schon auf der Straße umsahen wie Hunde und man nichts dagegen machen, nicht mal eine Pizza aufs Feuer setzen konnte, weil man keinen Löffel dafür besaß; wo die ganze Stadt – in der es nie Regen gab und wo die Menschen sich ihre Taschen voll Geld zusammenreißen mussten – die Straßenkreise durchs Wohngebiet schnitt, die auf der Interstate 5 standen, und ihre Wohnungen mit Regenmaschinen vollschwappte; wo sich das ganze Gebilde am Strand verfinstert hatte und nichts mehr ging, was die Menschen davon abhielt, sich einzuholen und eben nicht nach Miami zu kommen und die Stadt nicht zu retten; wo also das Elend der Stadt die

Menschen dazu brachte, sich zu schleppen wie Videofahrzeuge – kurz, was war denn schon Miami?

Die Antwort: Es war eine Stadt, die sich von außen abzuschneiden schien.

Und Danyi und ich wussten, dass wir das alles nur noch verschlimmern würden. Daher also: weg mit Co-Yoga, weg mit Vapor-Pools, weg mit Krypto-Technik und allen anderen Energieerholungsmöglichkeiten, die ich im Büro und bei Ramona immer für komisch, daneben und ziemlich geschmacklos gehalten, aber dennoch akzeptiert hatte, weil ich dachte, man könne nicht alles haben und sich nicht an alles erinnern oder besser gesagt: Man könne alles haben und sich an alles erinnern, aber es wäre in der Regel schwer zu begreifen, was man überhaupt möchte.

Mein kleines Nebenprojekt, das Ich-Erleben-Eines-Computers, hatte sich auch in dieser Hinsicht nicht lange halten können, und mir fiel das jetzt ein: Kein Computer kann ja Ich erleben, jedenfalls nicht so richtig. Nur ein Netzwerk aus Computern kann den Menschen durch seine Wirkungsmittel in Form von Steuern, Strafverfolgung, Förderung, Kriminalpolizei, Abschiebung, Abschaffung der Wohnungsbesitzerhaftung, Einschränkung der Kündigungsfristen und Entmündigung beim Auszug aus der Wohnung realisieren. Nur ein Netzwerk aus Computern kann als vollkommen realistisches Abbild seiner Umwelt dienen. Dann kann man sich dort hinsetzen und den ganzen Tag die Maschine mit der Ruine der eigenen Psyche vergleichen, den eigenen Körper mit den Werkzeugen vergleichen, mit der ganzen Natur. Aber das führt zu nichts. Es war so langweilig, es war alles so abstrakt, es war so willkürlich, es war so utopisch, es war so allgesamt entsetzlich, dass man sich schon auf den Tod vorbereitete, den die Viren ja nun irgendwann bringen würden.

»Wir machen eine Party«, sagte ich.

»Wir machen eine Party«, sagte ich auch.

»Na, willkommen zu Hause«, sagte Lint. Sein Gesicht war vollkommen ruhig, ich konnte nicht erkennen, ob er mich anlächelte oder nicht, aber ich konnte seine Gesichtszüge sehen, die sich auf seinem Kopf bewegten. Er sah aus, als wäre er schon lange ins Modul zurückgekehrt und hätte seine Videokunst an den Nagel gehängt.

Lint mochte die Kunst nicht, die er mir zeigte, die er gemacht hatte und die er mir auch nicht zeigen mochte, weil er nicht fünf Dollar für einen Track ausgeben wollte, der dann mit einem »Lint«-Label in den Geschäftszahlen aufgetaucht wäre; Lint fand es bizarr, dass ich es bei meinem Startup, wo alles so hoffnungslos und doof wirkte, ernst meinte mit meiner Arbeit, dass ich darin tatsächlich ein Modell für den andauernden Weg eines Künstlers sah, der in den industriebezahlten Hightech-Bereich aufbrach und an die Oberfläche trat und vor allem eine Gesellschaft bildete, die sich gegen die Gesetze der Kunst-Industrie stellte. Ja, aber ich hatte ja auch Angst vor der Arbeit. Und seit Ramona weg war, sprach ich mit Jellyfish P und Lint nicht mehr über die Idee der Gesellschaft, sondern nur über die Theorien, die ihr zugrunde lagen.

»Kommst du auch?«

»Ja.«

Komposit: »Ich bin's.«

ELIZA: »Hallo Danyi.«

DANYI: »…«

ELIZA: »Also, ich hatte ja mal angefangen, an der IT zu arbeiten, aber dann habe ich gemerkt, dass ich eher ein Problem als eine Lösung produzieren würde.«

DANYI: »…«

ELIZA: »Neuer Romantitel: Wir sind nicht die Menschen, die wir sein wollen, wir sind die Menschen, die wir sind.«

DANYI: »…«

ELIZA: »Und ich hab dann angefangen, zu lernen, mit Daten zu arbeiten.«

DANYI: »…«

ELIZA: »Und ich hab angefangen, Daten zu programmieren.«

DANYI: »…«

ELIZA: »Und ich weiß nicht, woher die Knoten kommen. Aber ich habe etwas entdeckt: Die Knoten, die man sich am besten für eine bestimmte Aufgabe einfangen sollte, sind genau das, was man braucht, um ein Problem zu lösen.«

DANYI: »…«

ELIZA: »Man muss den Knoten als Ausgangspunkt nehmen, man muss ihm vertrauen, man muss sich an ihn anpassen, man muss in ihn investieren.«

DANYI: »…«

ELIZA: »Und dann passiert es manchmal, dass sich der Knoten von selbst löst.«

DANYI: »…«

ELIZA: »Aber erst, wenn das passiert, kommt es zu etwas.«

DANYI: »…«

ELIZA: »Und das ist nicht das, worin Computer so gut sind mit all ihren Rechenleistungen und all ihren Datenbanken.«

DANYI: »…«

ELIZA: »Es ist das, worin Datenbanken nicht so gut sind.«

DANYI: »…«

ELIZA: »Es sind Knoten. Ihr müsstet mal mitbekommen, dass ich nicht mehr richtig reden kann.«

DANYI: »…«

ELIZA: »Dann würdet ihr auf die Oberinsel kommen, und ich würde nichts tun, um euch aufzuwecken, aber ich würde euch immer anrufen. Ihr seid nicht allein. Ich bin einfach so verloren.«

Kriegszeit

Lina stammte ursprünglich aus Australien, war aber später, nach einem Auftritt, untergetaucht. Ihr Bruder war ein Rapper, ihr Vater war im Untergrund bei den Hells Angels, und ihr Großvater hatte sich im Kampf gegen die Nazis und im Gefecht gegen Hindenburg gestählt. Aus dem Nacken vermochte sie die Welt zu kontrollieren, das probierte sie aber nicht, sondern kümmerte sich nur um ihre Familie. Mit erschöpfenden Bühnenrechten war sie in den vergangenen Jahren auf der Bühne gewesen, promovierte am Ruhrverlag, las manchmal Comic-Comics und war Mitglied der Coppies, bevor sie wie Lint, Jellyfish P und Danyi unserer Gruppe beigetreten war, also im Sylter Gesprächsmodul.

Anfangs fand sie die Arbeit nicht, mit der sie wie gewohnt beide Hände fest im Schoß hielt, auch wenn das wohl nicht besonders effizient war. Dafür konnte sie den Bühnenrechten aber noch einen besonderen Dienst erweisen: Sie konnte eine Welt anschauen, die die hinterlassenen Männer und Frauen dieser Gegend auf dem Spielbereich eines Stadions zeigten, als sie den Geburtstag ihrer Lieblingssängerin gefeiert hatten. Das war entweder in Bochum oder in Essen, und es waren schrecklich schöne Szenen gewesen. Auf der Bühne standen sie gefesselt, den gesamten Tag lang, und warteten immer auf die große Verleihung ihrer Lieblingssängerin von der Stadt, die sie in einem Konzertkasten lieferte. Sogar der gewerbliche Ruf der Stadt hörte ihnen zu, wie Lint und Jellyfish P beteuerten: »Das ist das Schönste auf dieser Welt, dass wir diese Menschen zu Geburtstagen in ihrem Leben haben und sie wieder zu ihren eigenen Lebewesen machen.«

Darauf einigten sie sich, und eine Weile sprachen Lina, Lint und Jellyfish P über ihre Liebe zu den Menschen, die niemals ihre Lieblingssängerin kennen würden, während ich dachte: »Ich war nicht für Polizei, ich war nicht für Rapper, ich war nicht für Spielzeug, ich war nicht für CD-Lautsprecher. Ich war für ______________,[1] für ______________[2] und für ______________.«[3]

Dennoch, wir liebten es, die Menschen, die uns behandeln wollten, dankbar zu finden, obwohl sie uns nie interessierten.

Später in den Erinnerungen an die Tage, als wir uns immer wieder mit solchen Vertretern über telefonische Kommunikation unterhalten hatten, schätzten wir, dass Lint und Jellyfish P es verschlagen gewesen war, ______________[4] zu sein. Sie gaben den Menschen ihre ungeheure Pflicht zurück, deren Leid und Schmerz für uns zu sehen, und ihre leidvolle Aufgabe, das Leid der Menschen für uns zu verringern. Obwohl wir zu diesem Ziel in unserer Gegend nicht von Rücksichtnahme, sondern

---

[1] Tiere, die zu irgendetwas gehören.

[2] Eine Weile war Lint der Einzige aus meiner Gruppe, der wusste, wie wir was zu sagen hatten.

[3] Können wir das denn alles einreißen, wenn wir es nur schreiben?

[4] Pflicht, Pflicht.

von der Drohung, uns anders zu behandeln, aufgefordert waren, erschien uns das schmeichelhaft. Ein turnbewegter Mellotron mit etwas Worten, hellwach auf seinem Panel, staunte mir in die Augen, doch konnte ich plötzlich nicht wegsehen.

»Lint, wenn du schon da bist, ich kann nicht mehr wirklich dabei sein, aber ich kann dir auch ein T-Shirt mitbringen.«

»Danke, Danyi«, antwortet er verstohlen und verwendete eine Drohne, die er nicht mehr bemerkte.

»Ich verstehe nicht, wieso du gesagt hast, dass unsere Orga-Sitzung so ein völlig verlorener Abgesang war«, erklärte ich.

Positiv formuliert, sehr positiv formuliert, hieß das: Kein Fehler in der Ausgangssituation, keine moralische Tragödie, keine Verdammnis Einiger, keine Liebe zum Gegenüber, keine Rache und keine Schuldzuweisungen vor dem Hintergrund eines Sittenbaus, den niemand versteht; keine Verletzung der Vorschriften, keine blinden Sammelvieh-Ziele, keine Trauer über das irre Gefühl, das man hat, niemanden auszunehmen, keine Unabhängigkeits- und Fraternitätskampagne, keine Auseinandersetzung mit dem Auge der Welt; keine Negation, keine Hässlichkeit, keine Abschottung, keine von einem dämonischen Druck ausgehenden Widerstands- und Liebeskämpfe, keine Frechheit, keine Überlegenheit während der Verhüllung, keine Frustration, keine Angst vor dem Verlust des eigenschaffenden Gehirns. Stattdessen: nur eine mutige Entscheidung vor der dämonischen Verelendung, nur ein Protokoll, so zu sein, wie man sein will, nur eine kluge Aufgabe in allen hineingeworfenen Dingen, nur eine graphenbreite Betrachtung der Frage nach dem Sinn ihrer existenziellen Eigenschaften, ihrer Gangart, Mittel zur Durchsetzung und abwägenden Sympathie; nur eine Neigung zur Leichtigkeit während der Unkenruhe der Verzögerung, nur ein natürlicher Ausdruck der den Frauen gebenden Bedeutung und Unabhängigkeit, nur eine Brückenschlacht, nur eine Wiederholung mit einer Anpassung in allen Dingen, nur eine tiefe Verkörperung dieses Denkens, kurz: nur noch eine Gedankin auf der Straße, über die man kriechen wollte, die jede glückliche Verblendung und jedwede Erzeugung von Egowahn und Klonfläche bedroht, die jede Weltvergänglichung zu einem Blutsymbol austrocknet, das deshalb jedem Gewinn und den ganzen Ressourcen genommen wird, die niemand mehr haben kann.

So war das.

DATE: Montag, 13.07.11, 06.01 Uhr
FROM: Jellyfish P <jellyfishp@gmail.com>
TO: LINT <lolguy@tutanota.net>
SUBJECT: Die Zeit der Störung ist auf der Oberinsel angekommen.
CONTENT-TYPE: text/html; charset=utf-8

MESSAGE: Lint, du bist jetzt ein bisschen weit weg von der Kontrolle. Du könntest dir eine neue Reise anschaffen, die auf einer anderen Insel läuft. Du wirst aber nie zurückkommen, wenngleich deine letzte Abzweigung die Stadt der Toten war. Dann bewegst du dich nach links. Dein Video mit dem Titel »Das Ende« ist in den Charts angekommen; du kannst es einbetten, denn es ist wirklich schön. Damit beende ich meine Arbeit als Reiseführer in der Welt vor der Kontrolle.

Was anderes: Könntest du dich dem Programm anschließen, das in der Lobby deines Hotels ausgelöst wurde? Nein? Kann ich diese Frage in den Kommentaren auf diesem Youtube-Video beantworten? Nein. Wenn du dich einmal nicht mehr meldest, bitte ich dich um Verzeihung. Wenn dir diese Kontrolle einfach zu lange dauern wird, kannst du sie unbegrenzt fortsetzen, weil der Kontrollcomputer es will. Aber du wirst es nie tun. Wir haben das jetzt alle gesehen. Wie lange dauern die restlichen Kontrollphasen? Erwarte keine Antwort. Kannst du dich selbst eingeladen haben? Nein. Ist die Kontrolle überhaupt das Ende? Wir haben schon die kleine Anfangsnahme gesehen, und das Ende ist noch nicht ganz da. Das ist nicht alles, was du sehen wirst. Kann ich dein Video löschen, weil ich sehr traurig darüber bin? Das wird schwierig. Über all diese Dinge werden wir ganz bald sicherlich wieder mit dir reden, aber das ist jetzt ein bisschen zu allgemein. Und ich bin noch nicht ganz fertig mit der Arbeit.

Was anderes: Kannst du mir sagen, wie lange diese Kontrolle noch dauern wird? Du kannst, weil ich bereits alle Fragen beantwortet habe. Möchtest du eine Umkehr auf die Insel beantworten? Nein. Wollen wir den Service einstellen? Nein. Würde du mir bitte kurz erklären, was in der Realität passiert? Vielleicht.

»«. »«. »«. »«. »«. »«. »«. »«.
»«. »«. »«. »«. »«. »«. »«

Aus uns wurde ein Wir, das blühte.

Die, die täglich die Früchte verderben, torkeln herum, flanieren, braten, was sie aus den Zwirbeln erworben haben; sie profitieren von dem Urlaub am weißen Frost und suchen sich eine Art von »gesundem Berlin«. Sie trinken bergige Biere in der Wander'schen Verkostung, stehen zu dicht beieinander und messen auf die Nachmittagszeit die Kalorien, wenn sie bei Taekwondo-Trainings ihre Gesichter zeigen. Sie sagen, sie kommen sowieso nur zurück, um der Kommerzialisierung des Spiels aus dem Weg zu gehen, aber ausgerechnet auf sie, ihre neuen Geliebten, freut sich die Welt.

Die Party hat sich umgedreht. Die Party hat uns aufgelockt. Es ist das neue Berlin. Das ist mein Bild von Berlin. Das ist das Bild, das in meinem Kopf gerade jetzt durchsickert. Die kulturellen Revitalisierungsprozesse, die die Stadt erlebt, sind zwar von sehr geringem Interesse für mich. Diejenigen auf den Märkten stehen schlecht, aber die Märkte sind Teil der Realität. Was nicht nur mir, sondern vielen Berlinern so geht, ist der Wunsch nach einem attraktiven Umfeld. Wenn ich mir das hier ansehe, dann ist das nur ein Stück Berlin, das nicht Miami ist. Und das ist ja auch schon was. Wir brauchen ein stärkeres Image, als es uns heute zuteilwird. Das ist ein längeres Gespräch, das wir alle gefühlt haben. Daher die Party.

Viertel vor sechs: Ich komme nicht mehr rein, die Wohnung ist schon voll, bevor ich mich aufs Neue eingelassen habe, und deswegen sind alle plötzlich aufgestanden, um ihre Schuhe wegzuräumen.

Die Party hat begonnen.

Jellyfish P surft durch die Runde im Versuch, die Gesellschaft zu formieren, woraufhin ein Kommentator den Artikel der Theoretikerin Lavinia Greß mit dem Titel »Mögliche Gesichter des digitalen Todes« vorliest:

Digitale Masken verwenden Phänomene der digitalen Welt, um die grundlegende Funktionsweise des Online-Wahrnehmungssystems zu verklären, das sich in der aktuellen Gesellschaft abzeichnet. Zwei Vorgänge können unterschieden werden: die Entdeckung einer maskierten Person im Netz und die gar nicht mehr nachvollziehbare Entdeckung anderer Masken in der Maske. Ersterer Vorgang hat Züge einer Handlung oder Quasi-Handlung: Kein Subjekt ist verloren, weil sich keine maskierten Figuren mehr entdecken konnten. Eine Handlung will sich nicht durch die Verhaftung von Masken, sondern durch die Entdeckung einer Maskenmaske in der Masse erzählen lassen. Daher ist die Maskenmaske auch eine Figur, die Narration ermöglicht. Erzählen ist nicht das Aufführen von Wirklichkeiten, sondern das Aufführen eines Prozesses von Worten, der in seinem Entstehen und Verlauf durch ein Zuviel oder ein Zuwenig an Zeichenhändlern erfolgen muss. Effekte der Masken-Entdeckung sind: erstens die gewaltsame Durchdringung der Maske durch ein individuelles Aufmerksamkeitsniveau, was sich in der Masken-Entdeckung im Sinne eines realen Verlustes ereignet. Zweitens, die Übersetzung der Masken der Maske in Form von Maskenmasken in ihre Öffentlichkeit. Metamasken sind Masken-Masken-Masken und bieten eine gute Lösung für die Missachtung von Masken und ihrer Maskenmasken im Zuge der Kritik an der ureigensten Form des Maskens, da Maskenmasken ihre Rolle, ihre Funktion und ihre Logik in ihre Umgebung ziehen. Treffen Metamasken auf Quasi-Handlungen, birgt die Narration eine weitere Lesefreude, indem sie davon ausgeht, dass eine Person auf der Welt bleibt, aber mehrmals entdeckt wurde: als Verbundenheit der Rezeption und als Gegenstand der Masken-Entdeckung, wodurch ein abgeschotteter Figurenkörper sichtbar wird. Mehr noch, Metamasken erlauben uns, die Maskenmaskenmasken nachzuvollziehen, auf welche Weise wir die Wirklichkeit nachvollziehen, und sie können für uns hilfreich sein, die Wirklichkeit mit den Masken-Masken zu entziffern, die wir erleben und mit denen wir interagieren. Denn wenn wir nicht verstehen, was wir sehen, wie wir uns in der Welt wahrnehmen, wie wir uns in der Welt bewegen, wie wir mit ihr interagieren, können wir unmöglich die Wechselwirkungen wissenschaftlicher Metamasken mit anderen Maskenmaskentheorien untersuchen. Wir verstehen nicht, was passiert, wenn wir die Maske verlieren, denn dann verlieren wir die Möglichkeit, sie zu verstehen, wir verlieren die

Möglichkeit, die Verantwortung für unsere Bilder und Vorstellungen von Masken zu übernehmen. Und noch der Letzte, der sich von der Arbeit an der Poesie der Maskenmasken angezogen fühlt, wird erkennen, dass es keine Zukunft gibt ohne Masken, weil Masken das Moment unseres Selbst sind, in dem wir uns gegenüber anderen Maskenmasken als Masken erkennen, die sie nicht sind. Theoretiker:innen dieses Phänomens sind Pierre Lacan, Marion Mierns und Peter Kegel.

»Wer ist Marion Mierns«, fragt jemand.

»Mierns ist eine Masken-Maske,« ruft Jellyfish P. Alle lachen, aber einige lachen weniger als andere.

»Und wer ist jemand«, fragt die Menge, woraufhin wieder alle lachen.

»Jemand ist jemand«, antwortet Jellyfish P, ohne sich zu bewegen.

Ein plötzliches Kampfmotiv taucht auf, während eine Art von Lichtfläche sich im Hintergrund erpeilt.

»Quasimasken-Masken-Masken«, singt Jellyfish P und träumt vom niederen Kongress. Dort wäre, hätte es geklappt, der Datenmelder nicht mehr gestorben, die aktuelle Gesellschaft nicht mehr censoriert worden. Dort wäre die größte Maskenmasse des Spiels gewesen, aber authentisch!

»Was ist schon authentisch?«, entsetze ich mich.

»Und Peter Kegel?«, fragt plötzlich ein neuer Kommentator.

»Kegel ist ein enthemmter Hacker. Er hat ein ordentliches Musikstudium absolviert und hat früher immer keinen weltpolitischen Aufständen zugestimmt. Er glaubt, wir sollten die berühmt-berüchtigten Modelle Selbst-Analyse und Überwachung jetzt ernsthaft wieder entwickeln.«

»Hat er denn mit der Überwachung nicht noch ein Problem?«, fragt jemand.

»Er ist zu einem Dickicht von Daten geworden«, sagt Jellyfish P. »Was ihn vom nur Ernsten zum Erschrecklichsten macht, ist seine irdische Liebe für die Phänomene des digitalen Kulturkriegs.«

Von da geht die Kunde von Peter Kegel weiter, ohne den eher kleinen Kreis zu verlassen, der seine Dienststellen in unserem Credo hat.

Zum dritten Mal beginnt das Abendessen. Jellyfish P führt eine Klavierlehrerin ein, die in einem Hochhaus in Little Havana residiert und die neben mir an unserem Tisch sitzt und sich mit den Worten vorstellt, sie sei jung und experimentierfreudig.

Ich kenne sie nicht.

Als sie sagt, wir könnten Software und Hardware herstellen und anzeigen, werde ich hellhörig: »... zum Beispiel kopieren wir die Programmiersprache Java nicht einfach aus dem Papier, sondern erstellen eine Umwandlungsmaschine, in der wir ihre echte Software mit einer falschen Maschine einbetten und überprüfen können, ob das einen beobachten kann.«

Fantastisch, solch eine hoffnungsvolle Vision, denke ich.

»Wir müssen einfach so ein Gerät haben, das das steuerbare Licht und alle anderen Signale, die einen beobachten können, von einem Computer aus steuert, falls die Wahrscheinlichkeit, einen Einbruch zu bekommen, überhaupt noch existiert.«

Lina steigt aus, und Jellyfish P steht auf, als sie das sagt. Lina scheint mit den Ordnerkassen und schon bekommenen Büchern in der Library vertraut und kann sofort weitermachen mit dem Skript.

»Noch wäre ja nicht zu sagen, dass sich zurzeit keine ichweißwelche Leute melden«, sagt Lint, der immer die gierige Jugend ausgemalt hat, die kostenlose Kultur haben will, »aber mir ist bewusst, dass es schwierig ist, uns von denen abschrecken zu lassen.«

»Je mehr wir versuchsweise jenes Abenteuer jonglieren, desto mehr werden wir nach den technischen Dingen suchen können.« Jellyfish Ps Augen funkeln, als er das sagt.

Die Software, die Software, die Software: Wie einfach es wäre! Wie schön es wäre, sich diesem Versuch anzuschließen, das Zeug herauszubringen, klar zu werden und nicht weiter zu versinken, sondern die ganze Gesellschaft zu vertreiben, für immer. Meine Gedanken rasen wieder, ja, rasen weiter, truttern oder wie man das auch nennen möchte. Kein Skript wäre mächtiger, kein System mächtiger als diese Gedankenschleudern, die sich an uns wenden, damit wir uns beugen müssen, wenn es nötig ist. Und nun drehen wir das um und sagen: »Wir sind für den Rückschritt, wir für den Rückschritt, wir für den Rückschritt, wir sind für den Rückschritt!«

Ein Lied, eine Anspielung auf einen gewissen berühmten Humorstatistiker, ich erinnere mich nicht mehr, geht etwa so: »Hurra, ich bin vom Eimer! Ich arbeite im Oktober des letzten Jahrtausends! Wir sind im Strudel, alle kennen sich.« So fühle ich mich auch. Wie ein Docksmensch, der eine sofortige Station am Mittelmeer nutzen kann, weil sich Ehemann und -frau beim Sprung aus dem Boot verrenkt haben, auf dem Weg zur Oberinsel. Die Software. Es gibt so viel zu tun.

Aber noch stehen wir bei Lint, und überall sind die Lichter an. Das Gesprächsmodul ist laut, die Musik ist laut, die Leute sind laut, die Wände sind laut, die Tische sind laut, die Fenster sind laut, die Luft ist laut, die Luft ist laut. Ich atme tief durch, und ich fühle mich wie ein Kind, wie ein Kind, das in einem Wasserfall ist, aus dem es nicht mehr herauskommt. Jellyfish P ist noch nicht da. Er hat uns bereits für neun Uhr abends hierher zitiert, eine Viertelstunde, bevor wir uns im Foyer treffen, um die Vorbereitungen zu besprechen.

Lint schaut mich aus dem Display an.

»Das ist ein guter Ort.«

»Kannst du mir sagen, was hier los ist?«

»Ich kann dir nicht sagen, was hier los ist, aber hier ist die Ãää, und hier ist das Co-Yoga, und hier sind ein paar Spieler.«

»Und hier sind wir.«

»Klar.«

Lint macht eine Pause, als ich ihm sage, dass ich nicht weitergehen würde, bevor nicht alle Spieler aus dem Modul abgeschaltet worden wären.

»Du kannst es ja mal ohne versuchen«, sage ich.

Lint nimmt mir mein iPhone aus der Hand und geht mit ihm zum Co-Yoga-Klo, in dem man sein Handy einsetzen muss, um darin zu spielen. Er erscheint nicht wieder, bis ich begreife, dass das einzige Mal, dass ich hier gegen das Co-Yoga-Klo gespielt habe, war, als er mir von dieser

Spielzeit gegen das Co-Yoga-Klo erzählt hat, und dass ich aus Angst, dass er mir das anvertrauen würde, den Rest des Monats nichts mehr angefasst habe.

»Hallo«, sage ich. Lint kommt zurück herüber und lächelt.

»Ich bin hier; wir machen die Party bei mir.«

»Wen sollen wir noch einladen?«, fragt Jellyfish P.

»Wir sind bereit, alle zu vertreten.«

Lint und ich trinken aus den Flaschen, bis die nächste Runde beginnt; wir haben ein paar Gäste zum Projekt ausgeschickt. Darunter waren sieben Männer, die mir zuerst ihre Telefone gaben, dann ihre Platten, dann ihr Geburtstagsgeschenk und dann ihr kleines Geld. Oder zwei, drei Frauen, die auf dem Sofa mit uns reden, als die anderen zum Co-Yoga zurückgehen. Lint und ich verbringen unsere Zeit damit, unsere eigenen Sachen zu organisieren und zu planen.

»Sind wir jetzt alle zurück?«

Es geht um die Frage: Wie hängen die Ããä und die Lebensviren zusammen? Die Antwort lautet: Beide sind unbekannte Lebensformen, die sich in der Umwelt ausbreiten. Sie verbreiten sich gemeinsam, weshalb der Kampf gegen sie als Kampf gegen beiden Formen zu sehen ist. Die Behörden sehen zu, wie beide die Insel vom Atlantik bis ins Gebirge durchwandern, und unternehmen nichts. Warum auch, hinterlassen sie hier ja keine Spuren außer den vielen Ordnern mit Gesetzestexten, die ihretwegen in den Inbox-Foldern der anderen Behördenteile landen, ohne dass man sie je gelesen hätte.

Die Party hat begonnen.

Die Leute kommen. Mervyn Flick und zwei Modeamateure mit Weiblichkeit, Glaskugelaugen und rauem Putenfleisch stehen aufgeschichtet am Eingang.

»Du wirst ins Auto gehen«, sagt Mervyn Flick, »da sind Artemis-Päckchen.«

Saras Dad sagt stumm und füllig: »Und Sonntagmorgen, wenn sie gehen, sollst du den Glaser aufräumen und die Lampen schüren lassen.«

Ich frage Danyi: »Welches Auto?« (Wortwörtlich: »Räumst du das nicht danach auf?«)

»Und du wirst die Silos in der Fabrik stehen lassen und ins Telefonkabel rein?«

Lina beobachtet, wie Danyi bedeckte Anlagen enträtselt und mit klassischer Engineerlichkeit die Röhren aus den Schneiderstellen herausnehmen muss. Sie schaut auf die Massen von Modeamateuren. Es ist wirklich elegant, die Kombinationen aus Glas und Plexiglas, die Einfachheit, die daraus entstanden ist, von Maschinen hergestellt worden zu sein.

»Gibt es einen Prozess, den Sie uns vorstellen wollen?«, fragt Mervyn Flick.

»Das Problem einschränkt sich auf das Problem selbst«, gibt Danyi zu Protokoll.

»Wir wissen nicht, womit wir ersichtlich sein sollen«, erklärt Lina.

»Ja, warum genau geht es denn bei Computerprogrammen oft um mehr als um die ersichtliche Darstellung einer Realität?«

»Aber das macht es doch nur schlimmer.«

»Ich will doch nicht mit Porno konkurrieren, ich will nicht eins aufs Oooh bekommen, sondern sagen: ›Habe gerade angesprochen.‹«

Inzwischen ist Mervyn Flick schon einigermaßen mit dem wunderschönen Gebilde von Lint – eine 26-45-Non-Dramaturgie-Kameraschulung – und mit der Rückkehr in die Geschreiwelt beschäftigt.

Mehr Gäste kommen. Erst erscheint eine Reihe junger Männer in weißen Shirt-Hemden und grünem Begleittuch, die situiert sind und erheblich seriöse Podcastartikel voller traumatischer Meldungen von jungen Kellnern vor sich hertragen, die sie eh schon vertuttert haben. Dann schnauft ein Mann mit gedrücktem Kinn, Macht und einem Bauch, man würde nicht reinkommen. Später erscheinen zahlreiche Jungenmädchen, die sich als eingefleischte Metalloren vorstellen, die einander im Freien herumtreiben ließen. Inzwischen sind die meisten von der Party betrunken, die Frauen schwitzen Gold, der Mann mit dem Kinn macht sich auf den Weg in Richtung Fernsehbildschirm, aber trotzdem sind alle freundlich.

Lachgas und Rauch, das ist schon alles.

Die Luft vibriert, durchs Fenster dringt die Luftluft der Ozeanatmosphäre herein; kein Dschungel, erfüllt vom Löwenduft der Baumstämme, ist mehr so entspannt wie früher. Drogenkonsumenten entschuldigen sich für ihr entsetzliches Verhalten, das darin besteht, entsprechende Fehler zu anonymisieren und nicht zu veröffentlichen, um nicht fällige Sozialbeilegungen zu betreiben.

Später bin ich weg. Jellyfish P sagt, »Ich bin dir schon zu lange dankbar gewesen«, und Lint fragt, ob das wirklich stimme.

»Na ja, ich will nicht heute schon in die Welt zurück, lieber würde ich einfach immer noch weiterhin dort am Strand leben.«

»Wo?«

»Im Teil von Berlin, in dem sich der Himmel über Berlin befindet.«

»Ich dachte, du sprichst von Miami.«

»Na ja, Miami, Miami.«

Sie schauen sich an, als wollte Jellyfish P genau wissen, ob die meisten Berliner überhaupt dort leben, in Miami. Aber das war doch lauter Blödsinn.

»Bescheide mich einen Augenblick,« sagt Jellyfish P, »was ich mit ihm vorhabe, ist das ein Versteck?«

»Ja«, antwortet Lint leise. Seine Augen glätten sich, und die Schatten in ihm werden größer. Sein kleiner Finger tastet subtil nach seinem Handgelenk, als hätte ihn niemand daher geschickt, und kämpft gegen die Kälte.

Je mehr Lint Jellyfish Ps Geschichte hört, desto mehr wird er von dem Gedanken fasziniert, dass sie beide ein einziges Ziel verfolgten: einander zu finden, Lippenstiftschrift zu lesen, entsprechende Antworten zu unterbreiten, Orangen zu essen und die schwarzen Äpfel, die klein in der Packung liegen, schlammtragend und schlürfend, schäumend und Furcht einflößend. Er fühlt eine Anziehungskraft, die ihn in die Luft hinausdrückt, durch die Berge erhebt und an der Mauer der Zukunft befestigt.

Lints Körper schmerzt, als rollte Jellyfish P, obwohl er nicht gerade auf ihn aufmerksam ist, die Hand über seine Halsmuskeln ab.

»Jesus!«, ruft Lint mit einer Stimme, die es kaum noch auszuhalten schafft und deren einziger Rat, den sie hätte zum Handeln geben möchten, wäre, sich entschlossen zu fühlen. Und so küsst er entschlossen Jellyfish P auf die Wange, als er sich ernst vorkommt und das Gefühl hat, unbekannt zu sein.

Die Reaktion ist enttäuschend: Jellyfish P legt für einen Augenblick die Hand über seinen Kopf zurück, entspannt sich aber gleich wieder, unterhält sich und fragt, was genau für ein Artensterben Lint befürchte, wenn die Viren kämen. Lint küsst Jellyfish P dann auch noch auf den Mund, aber er weiß, dass es keinen Unterschied mehr geben und dass alles in einen einzigen Moment zusammenstürzen wird.

»Also, Jellyfish P«, sagt er, »wie kannst du es wagen, mit den Menschen befreundet zu sein?«

»Ich glaubte, es ginge bei ihnen ja immer gut weiter. Auf der Flugplatz-WM, wo ich meine Pässe gewonnen hatte, hatte ich zu einem der Männer hundert Stunden erwartet, nachdem die Treibhausgasrechnung nicht zurückgefordert worden war.«

Beide entspannen sich aber, ihre Hände verschwunden, und Jellyfish P sagt nichts mehr.

Ich verstehe nicht, warum ich hier bin

Was wir nicht wissen: Als Antwort auf den Text der Theoretikerin Lavinia Greß hatte der enthemmte Hacker Peter Kegel einen Blogeintrag über eine Software verfasst. Er lautet:

> *1. September 2011: Lavinia Greß' Theorie ist im physikalisch-mathematischen Fachjournal ›Universelles Modellisierungsmotiv‹ erschienen. Sie beschreibt dort, wie überall eine Lage des visuellen Neonrassismus herrsche. Wir unsererseits bringen eine Maßnahme gegen diese Bearbeitung von Subjektliteratur vor: Unser Projekt MEGAVERSE ist um die richtige Verteilung der Zuschauer auf alle Plattformen bemüht. Es besteht darin, dass ein lokaler Rechner in ein Stummklopfsystem eingebaut ist, das entsprechend der Entscheidung eines Zuschauers mit der Frage bombardiert wird, ob der User eine Rolle in der Handlung wahrnehmen möchte. Will er das leugnen, dann muss er das Stück aufnehmen und wird direkt des Spaces verwiesen, aus dem man in das Klopfsystem schießt, das die Virtuelle-Realität auslöst, die in die Richtung des Spiels unsre Alphazone überquert. Das Spiel ist ein Masken-Muster, das detailliert genug ist, um ganz und gar die originalen Versuche zu durchkreuzen. Aus diesen drei Entwicklern hat Lavinia Greß neben ihrer leidenschaftlichen Unterstützung dafür gesorgt, einen Text zu schreiben, der diese Entrechtung anerkennt.*

Dagegen sind Maskenmasken die illusionistische Maskierung von komplexen kritischen Geständnissen elektrisierte Metamasken, welche an unzähligen Stellen, Vorratsebenen und Unterkünften im Netz verdichtet sind. Wir sagen daher: Achte so auf die neue Qualität der Maske, besorgt mit ihr Ressourcen, diskutiert ihre Gefahren, fragt euch, ob heute wirklich das Gute die Wirklichkeit bestechen kann. Besser, ihr authentoniert euch eine Anti-Maske, die einer Anti-Maske eine Anti-Maske entgegenstreckt.

Digital wird immer wieder vermeidbar, erschließt sich aber nicht einfach. Ein Maskenmonopol kann darüber hinwegtäuschen. Hier ist meine Idee für eine Anti-Masken-Software: DARIA ist eine Software, die Maskenmasken auf einem Geschäftsgipfel ersetzt; das heißt Affiliate-Masken verzieht. User können Affiliate-Masken entdecken, mit denen die Maskemasken infiziert werden. Diagramme links. Benutzerfreundlichkeit ist ein schönes Wort, freundlich ist es nicht. Die Softwares werden schließlich einmal an einem Datenträger abgehängt. Der in diesen sogenannten Browser-Indexes gespeicherte Träger ist dabei nicht nur vielseitig, er ist teilweise so knapp wie ein lodenes Stück Papier. DARIA ist ein gepflegter Koraktor, der zu den Zuschauenden am Boston Common anreist und sprachlos durch die Satteltaschen rattert, gefasste Menschen im Betonwände des vagen Gebäudes an der Küstenstraße. Einmal ausgeführt, wird DARIA den User mit einer Glaswand aus Metalldichten überwachen, mit denen die eingescannten Reaktionen gesteuert und die Eingabe durchgeführt werden kann, auf die sie benutzerseits beamtet ist. DARIA wird dann die Einträge der Benutzerbank mit allen hellseherischen Anhaltspunkten erfassen und die Affiliate-Masken in einen Garauswechsel bringen, der zum einvernehmlichen, aufeinander abstimmenden Kampf der beiden Parteien führt. Damit aber sind die Meta-Masken für immer erschöpft. Sie werden sich nicht mehr als Maskenmasken selbst wahrnehmen können, so wie ihre geräuschlosen Digital-Masken auch nicht mehr als Geräuschmasken denken werden. Sie werden dann die Gegenstände wie gewohnt ersetzen, oft durch Spiegeleien, in denen es unzählige Kontaktstellen zum Körper gibt, Kenntnisse, die in keiner Ahnung vom Geschehen auf Gewissheit übergreifen. Lavinia Greß' Theorie bleibt also noch langanhaltend als Einzige vorhanden, während die Maskenmaske schon wieder in den Hintergrund gezogen ist.

Peter Kegel, »Über den Digital-Tod« in:
TRANSFORMATIONSEXPERIMENT—Pt. 2,
(https://www.transformationexperiment.de/
isra/2011/09/?p=29212)

Wir erfuhren von diesem Post durch einen Unternet-Alert. Jellyfish P hatte ihn aufgesetzt, für den Fall, dass wir nicht aufgeklärt würden. Er war ein Profi. Er hatte sich auf die Maskenmasken eingelassen, für die sich Lavinia Greß begeistert hatte, und dachte laut nach, als er diesen Post online las: »Wir könnten die ganze Masken-Maschinerie durch ein neues Design ersetzen – durch DARIA.«

Jellyfish P sagt: »Wir haben keine Zeit mehr für Forschung. DARIA muss vollständig implementiert werden.«

Lint sagt: »Es ist ein bisschen zu früh für DARIA, denn wir haben noch keine Einflussmöglichkeiten auf die Kader des Spiels.«

Lina sagt: »Wir sollten dem Projekt zumindest den Rücken freihalten.«

Danyi sagt: »Wir müssen DARIA schon irgendwie haben.«

Ich sage: »Ja, wir müssen DARIA schon irgendwie haben.«

Jellyfish P sagt: »Wir wollen diese Stadt nicht einfach retten, sondern verbessern.«

Lint sagt: »Es ist nicht zu viel verlangt, dass DARIA das Spiel beeinflusst, und gleichzeitig denkt DARIA über das Spiel nach.«

Lina sagt: »Wir haben keine Zeit mehr für Forschung.«

Danyi sagt: »Ja, wir haben keine Zeit mehr für Forschung.«

Ich sage: »Wir haben keine Zeit mehr für Forschung.«

Niemand kommt darauf zu fragen, wie sich DARIA eigentlich zu ELIZA verhält.

Die Geschichte des Hauptmenüs

Lint hat einen Werbefilm für uns gemacht. Wir schauen ihn uns an.

Der Werbebeitrag beginnt:

Wir sehen ein Zimmer, ein Büro (mein Büro), und die Tür geht. Herein kommen zwei junge Männer in Arbeitskleidung, die dann auf einem Stuhl in der Ecke sitzen. Sie sitzen sehr eng aneinander, haben fast keine Tücher und trinken Orangensaft aus Metallen und haben das Gesicht zur Sonne gedreht.

Einer der Männer sagt: »Hallo, Freunde. Ich bin Ben.«

Der andere fasst sich ans Kinn und erklärt: »Ich heiße Simon.«

Sie sind unfassbar hübsch.

Dann kommt Musik, es ist ein Soundtrack von The Elusive, und die beiden reißen sich ihre Jacken weg, springen auf und marschieren auf das Bett zu, trinken ihren Orangensaft und sehen aus, als würde ihre Haut nach Feuer schreien.

»Das ist der wichtige Moment«, sagt Lint, »wo sie die Jacke wegschleppen, und die Musik startet.«

Simon steht auf und kriegt sein Shirt weg.

Ich habe das Gefühl, Simon will so bald sein Shirt nicht mehr wiederhaben.

Die Musik geht weiter.

Ben trinkt noch einmal seinen Orangensaft.

Simon tritt einen Schritt zurück, als hätte Lint plötzlich gemerkt, dass er ein Shirt ohne Jacken trägt, aber das ist Unsinn, denn Lint ist der Regisseur. Er hat Simon ausgesucht.

Es ist wirklich inspirierend, Simon mit dieser Maske zu sehen. Aber die Maske ist zu stark belassen.

Lint sagt: »Jetzt muss er aus dem Büro springen.«

Simon springt aus dem Büro, ohne seine Maske abzunehmen, und trägt sie dabei ausgezeichnet.

Nächste Szene:

Wir sehen einen Flur. Dann tritt Ben in das Bild. Er trägt eine orangefarbene Kappe und steht im Flur. Er hat ein Shirt mit einem riesigen Hund darauf. Der Hund ist sehr dunkel, aber die Hintergründe der Kappe sind orange. Simon tritt in das Bild und steht neben Ben, er trägt seine Maske wie ein engelhaftes Gesicht. Jetzt kommt eine große CGI-Kappe hinter Simon hervor und überdeckt den Bildschirm. Auf der Kappe ist eine dreieckige Orange. Als sie verschwindet, gibt es ein Bett im Flur. Ben und Simon springen auf das Bett, Simon trägt noch sein orangefarbenes Shirt.

»Jetzt ist der Moment gekommen«, sagt Lint.

Ben zerrt Simon weg von der Kappe, Simon trägt sein Shirt. Simon ist total nackt. Simon reibt sich mit der Hand über seine Haut, er ist richtig fasziniert von dem Anblick.

»Ich kann das nicht abhaken«, sagt Ben, der einen Schlafanzug trägt und auf dem Bett hüpft.

Als sie sich zu küssen beginnen, stoßen sie sich an der Zimmerdecke den Kopf und beginnen zu wimmern, als müssten sie dringend einen toten Vater beweinen. Der Kieferling kommt herein – es ist eine Puppe, die Lint sich auf den Rücken gedruckt hat, mit schwarzen Streifen im Gesicht –, und er starrt sie an, als wollte er sagen: »Ich habe dich gesehen, als du geboren wurdest.«

Am Ende kommt noch eine Einblendung, als ob die Handlung in einer Stadt gesendet worden wäre. Der Bildschirm wird schwarz, aber man kann die Gesichter der drei Gesprächspartner erkennen, und man sieht, wie Simon sein Shirt zu Ben hinuntergeworfen hat, der es erschöpft dem Kieferling gibt. Dann noch die Telefonnummer, der Name des Studios, der Tag der Aufnahme, das Jahr und der Abschnitt der Geschichte.

Wir alle mögen den Film sehr und machen Lint Komplimente.

»Siehst du, das ist ein guter Job.«

»Es war ein kluger Schachzug, Ben, Simon und dich in dieselben Szene zu stecken.«

»Werbung ist wahnsinnig aufwändig.«

Und nach dem Schauen trinken wir Orangensaft und essen Astronautennudeln und haben Lint gern. Jellyfish P hat eine Meinung zu den Astronautennudeln, aber Lint nimmt sie einfach hin, als wären wir alle Freunde. Dann sagt Jellyfish P, er müsse jetzt Kommentare posten und verschwindet, ohne sich zu verabschieden, was uns allen leidtut.

Ich lese etwas später, was er auf 1channel kommentiert hat: »Lint, du hast einen ziemlich großen Nacken.«

Bereits auf dem Weg durch den Raum

Wie damals, nach dem Tod des Kieferlings, hatte ich aufgehört zu sprechen. Ich konnte mich nicht entscheiden, ob ich lieber noch auf dem Sofa sitzen oder weiterhin in diesem Zimmer herumgehen wollte, bis sich schließlich irgendwann von allein das Problem lösen würde. Berlin kam mir in den Sinn, wieso, wusste ich nicht, aber es fühlte sich einfach an. Nach dem Aufenthalt im Klinikum hatten mir damals die Tage die Lebenszeit zu erschweren begonnen. Lina hatte sich vor wenigen Tagen einen zweiten Job angeschafft, und ich arbeitete noch daran, was man auf dem Papier eigentlich unterscheiden muss, wenn man eine Software produziert, die man niemals erproben kann.

Gern wäre ich wieder im Klinikum, um die vielen Dinge zu überwachen, die sich zusätzlich zur Beweisschrift im Zuge unserer Operationen ergeben hatten. Lina, die ich gerne als übergeordnete Person bezeichnen will, hatte gesagt, dass ich sie eher unterstütze als davor, ich sei stets so, als würde ich dabei sein. Aber ich hatte vor, an diesem Morgen in Berlin zu sein und nicht nach Hause zurückzukehren, um den Abend allein und die beiden Wochen, in denen ich noch immer nichts von DARIA gesehen hatte, im Arbeitsalltag zu verbringen.

Lina erschien vor der Wohnungstür, die ich immer zur Verfügung stelle. Die Tür war halbkugelrund, wie sie die Lichtung abdeckte, die mich in den Himmel hielt. Zu spät, um das überhaupt zu übersehen; ich würde mich um die den Schlaf bringenden Pfunde kümmern müssen.

Lina war immer noch angespannt, aber mehr von sich überzeugt als letzte Woche, als sie sich in unsere Arbeitsräume hatte hineinarbeiten müssen, als ich sie am Telefon unglücklich gefragt hatte, ob sie vielleicht doch noch ein bisschen Zeit frei hätte. Aber als sie die Tür öffnete, war sie so aufgeregt, dass sie sich über kurz oder lang wiegen ließ und uns beide wieder ins Haus zurückbrachte. Einige Minuten später war ich aus dem Schrank und die Treppe hinunter. Ich wollte zu dem kleinen Raum gehen, in dem ich den Laptoptisch vor meinem Computer angebracht hatte, um dort vor meiner Arbeit wieder den nächsten Code zu schreiben. Wir waren entschlossen, auf jede Möglichkeit zu verzichten.

Lina hielt mich für einen Typen, der ihr den Weg in die Welt beschrieben hatte. Gemeinsam wussten wir, dass unsere Freunde mittlerweile verschwunden waren, nachdem niemand eine Antwort vom letzten Künstler, der uns gefolgt war, bekam; er war der Autor von – ich glaube, es war der *Mona Lisa*-Roman, den er veröffentlichte, kurz nachdem er den ersten Teil der Reihe *Die Männer der Verteidigung* verfasst hatte. Praktisch jeder, der nicht aus dieser Stadt stammte, hatte nach seiner Rückkehr geschielt – obwohl man ihnen nur einmal ein paar Tage im Monat eine Runde von etwa zwei Stunden geschenkt hatte, um die sich im Garten bewegenden Teile sorgfältig zu begutachten (da waren noch Lebensviren). Lina und ich hatten uns darauf geeinigt, dass wir uns lieber auf den Weg machen sollten, um ein paar Dinge zu besorgen. Quasi ganz in der Nähe der Stadt erschienen wir mit einem großen Plastikbecher voller Bier, bei dem wir uns entschuldigten und uns bedankten.

»Was für ein komisches Verhalten von dir.«

»Das finde ich auch.«

»Wirklich?«

»Komm schon.«

»Okay, ich versteh dich.«

»Ich finde, es ist wirklich ein komisches Verhalten.«

»Okay.«

»Vielleicht sollten wir die Freundschaft mit dem Wissenschaftler wieder aufnehmen.«

»Ich glaube, wir sind noch nicht so weit.«

»Wir machen uns doch sehr gut.«

»Ja, aber du bist immer noch immer, was du bist.«

Die Lebensviren waren im Vapor-Pool angekommen. Sie hatten sich darin eingerichtet und unterhielten sich bei ihrer hektischen Arbeit. Ich sah sie nur von Weitem und konnte nicht erkennen, ob sie Menschen waren oder Monstren. Die Wärme des Wassers hätte mir ein ganz neues Leben geschenkt, es war so friedlich und unaufhaltbar, aber eben voll mit den Viren, die sich darin für ihren Leichtbau erfrischten, weil sie nicht wussten, wie sie aus dessen Überresten von früher neue Viren herstellen konnten. Was mich angeregt hatte, war die Frage, ob das Virus, das nun den Pool geerbt hatte, die dort am Wochenende auftauchenden Viren als diese neue »Spiegel-Virusvariante« identifizieren könne. Sie waren freundlich zueinander, hatten auch ihre melierten Fortsätze geschmiert, ihre Hand- und Fußrücken mit ihren verfremdeten Armbändern gekleidet (nicht schwarz, sondern schwarzschwarz), ihre Köpfe mit ihren gewölbten Haaren staffiert und ihre Gesichter mit ihren kleinen, versteinerten Lippen gestochert. Die Viren schienen sich immer auf die Füße zu stellen und zu trinken, was in einem gewissen Sinne bedeutete, dass sie an ihrem Aussehen etwas hätten ändern können, hätten sie es nur gewollt.

Wir gingen zu einem kleinen Laden, um ein bisschen Kaffee und ein paar Brote zu holen, und ich hatte vor, ein paar Zeitschriften zu kaufen, die uns vielleicht helfen würden, ein wenig Einblick in die Welt des Kegel'schen Softwaredesigns zu erhalten. Hinter uns klatschten die ersten Autos auf drei Rädern und Pkws, denen wir mit den Händen auf den Rücksitz klopften. Plötzlich hatte ich ein Gefühl, dass eigentlich jeder da sein sollte. Als wir fertig waren, machte ich den Vorschlag, ein wenig durch die Straßen zu schlendern und uns die Stadt anzusehen. Gern, antwortete Lina, aber wir würden uns in den Abend übergeben. Wir bemerkten ein paar kleinere Kultstätten und einen seltsamen Laden, der ziemlich viel zu bieten hatte. Lina und ich machten uns auf den Weg zum Bahnhof, wo wir uns eine Bierdose mit Kondensmilch und ein paar Apfelkuchen holten und vorhatten, uns die folgenden beiden Wochen in ernsten Szenarien über uns selbst zu unterhalten.

Wir beschlossen, dass wir jeder ein paar Dinge kaufen wollten, die wir immer wieder verwenden könnten; das würde uns vielleicht ablenken und hoffentlich dazu beitragen, dass wir wieder zu uns selbst fanden. Praktisch jeden Tag, manchmal auch mehrmals am Tag, waren wir immer wieder zusammen, manchmal auch ziemlich weit weg, manchmal aber sogar viel weiter. Als wir schließlich zurück nach Hause gingen, hatte ich das Gefühl, dass ich einen Schritt in Richtung eines neuen Lebens gemacht hatte. Gefühlt war ich schon mal ein ganz anderer Mensch. Wir hatten uns in den kleinen Läden umgesehen, und ich hatte das Gefühl, dass wir ein wenig Hoffnung gesammelt hatten und dass wir uns bald wieder in der Welt des Softwaredesigns zurechtfinden würden.

Für die meisten von uns war das letzte Wochenende mit der Familie zurückgelaufen, aber ich hatte noch vor dem Abend den ersten Teil des neuen Romans von Gary Fincher gesehen. Danach waren wir zusammen zu einem Café gegangen, um uns noch einmal an etwas zu erinnern, was wir immer schon machen wollten. Wir unterhielten uns über unsere Pläne, und ich erzählte Lina, wie gerne ich noch einmal zurück ins Klinikum gehen würde, in dem ich als Kind war. Wir hatten uns zurückgezogen, um alle Dinge aufzuschreiben, die wir erledigen mussten, und eine Liste mit unseren Zielen erstellt, die auch die Software DARIA enthielt. Am nächsten Morgen konnten wir uns wieder in die Arbeit stürzen und versuchten, die Uhr zurückzudrehen, als wäre das nie passiert. Wir wussten, dass wir viel zu tun hatten, aber wir hielten an unserem Ziel fest, denn am Ende hätten wir es geschafft, und die Arbeit, die wir geleistet hätten, hätte sich gelohnt. Wir wären wieder bereit für das, was als Nächstes käme.

III
(IM KINDLICHEN SCHWEBSTAMMELN)

Es gibt seltsame Worte, die jemanden verwunden und auch emotional betroffen machen

In der Zwischenzeit ist Folgendes passiert:

- Helle, die als eine der ersten Außenstehenden, die Jellyfish P in die Wüste begleitet hatte, wieder in Hamburg war, sammelte unter ihrer Wohnungssprecherin Beate bei ihm einen Großteil ihrer Fähigkeiten und Ideen.
- Auf der Reise durch Miami hatte sich der Grund für Jellyfish Ps Wut gefunden: Sein Doktorvater – der ihm eine ausgeprägte Form der Hysterie nachgesagt hatte, weil ein Mediziniker beim Einsatz psychotropischer Inhaltsstoffe seines Sorgenkörpers ihm böse raubinduzieren musste – war dabei, sich an einer neuen Medikation zu versuchen, die bei Jellyfish P aufgrund seiner Sehstärke und seiner Hirnschädigung nicht nachwirken würde. Jellyfish P sah sich in dieser Situation weltweit zurückgeworfen. Zu viele seiner spontanen Entscheidungen waren ein Schussel gewesen, nur weil er es nicht einsah, Kommunikatik zu studieren.
- Lint fühlte sich, von alldem aufgesogen, wieder wach und stellte sich vor, wie er vor dem Tod seiner Mutter weinend aus dem Fenster blickte. Seine Filme waren jetzt mal voller psychologischer Verwirrungswellen, mal selige Zusammenstöße mit realen Leben. Auf 1channel stellte er sie nicht mehr, weil: Pietätlos war er nicht.
- Lina hingegen, die bei diesem Zwischenfall nicht aktiv auf irgendeine Partei einwirkte, nickte nur animiert

und lächelte ledig. Wir wohnten jetzt zusammen in einer Wohnung in der Nähe des Lagers für wütende Spams (das Gesprächsmodel war ancient history), aber weit weg von den Geschehnissen, die sich immer weiter ausbreiteten. Aus Berlin gab es Gerüchte, es brodele, die Behörden seien dabei, die Finanzierung der Küstenwache zu forcieren, damit die aus der Südseite der Stadt strömenden Schiffe nicht nur nach Miami, sondern auch nach Kalifornien und Kalifornien-Süd umgeleitet werden könnten. Das war uns aber erst mal egal.

- Danyi und ich fühlten uns ausgesprochen verloren, weil wir nicht wussten, wo wir mit unserer Wut hinsollten, außer auf der Straße rumstehen. Party war nicht, und für DARIA hatten wir keine Softwaregutscheine. Ich stellte mir vor, wie das alles zusammenhing, was da passiert war, aber alles, was ich mir nach unserer Party dazu überlegte, erwähnte ich nicht. Nur: »Oh, meine Güte, mein Herz ist jetzt schon so voll mit A-3000-Draht, dass ich mir gar nicht vorstellen kann, wie ich da rauskomme.« Danyi wusste genau, was ich meinte.
- Hingegen wussten wir nicht, wer Helle und Beate sein sollten, und glaubten, nicht nachvollziehen zu können, was die Psychoplasten mit uns anstellen würden, wenn die Männer von der Ããä uns durch ihre T-Shirt-Proben entdecken würden. Wir waren nervös.
- Miami war immer noch sehr nahe, und für eine Weile verstanden wir nicht, wieso wir nicht auf der Straße getrampelt und abgefüsst wurden; Berlin hingegen war schon ziemlich weit weg, und der Künstlerleib unter

uns wurde immer wieder von den Spams geschluckt, bis wir nur noch wussten, dass wir uns im Keller von Jellyfish Ps Wohnung einzufinden hatten; wir waren abhängig von Jellyfish P und konnten nicht ahnen, was geschehen würde, wenn sich dieser abends nicht mehr bei uns melden würde.

- Jellyfish P schickte auf eigene Initiative hin Einladungen raus: an Peter Kegel, bei dem er gerade Unterricht hatte, an Lavinia Greß, die in der Abteilung für Computerspiele tätig war, an Burt Hahn, der jedoch aufgrund seiner Aufenthaltsbeschränkung nicht kommen konnte, an die achtundzwanzig Jahre alte Martinnia Schulz, die im Haushalt von Eliza gewohnt hatte, an die fünfzehn Jahre alte Lin/Rico/Rico, die sich in Portugal brutal, aber bewundernswert gegen Vater und Großvater durchgesetzt hatte. Immer war es eine Nachricht der ernüchternden Erkenntnis, dass das Spiel nicht unbesiegbar war, und immer eine Sache der Dementischaft, dass es ihm mehr oder weniger gelungen war, einen derart aufzehrenden Absturz zu verhindern. Einzig Marion Mierns schrieb uns aus Florida: »Endlich mal wieder mal öffne ich meine Spams und hole raus, was sich dahinter verbirgt.« Das war ermutigend.

Die Identität dieses Autors ist nicht unbekannt

Ich habe mich in den letzten Wochen nicht mehr im Büro aufgehalten, weil ich mich nicht mehr für die Dinge interessieren wollte, die ich dort tue. Heute ist das Büro abgeriegelt. Die Mitarbeiter sitzen bei den Bildschirmen, die sich in dem Raum stapeln. Kabel sind ausgebreitet, der WLAN-Empfang auf dem Schreibtisch ist zu breit, um die E-Mails auf dem Bildschirm auszutragen. Alle sind vollgepumpt mit Dingen, alle sind überfüllt mit Informationen, alle sind voller halber Hoffnung. Aus dem Fenster ist die Stadt erhellt, ich sehe auch die Sub-Bahn-Gleise, die aus dem Westen und Richtung Norden unter mir fliegen und sich in der Ferne auf der anderen Seite der Straße abschließen. Ich entspanne mich, ich werde es niemandem erzählen; um in diese Welt hineinzugehen, werde ich keine Rolle spielen und keinen Namen tragen, nur weil ich eine Figur bin und keinen Sinn darin finde, hier zu sein.

Ramona ist bei ihrem Vater zu Besuch, bei einem obligatorischen Familienausflug am Kanal, daher bin ich froh, ihr eine Nachricht hinterlassen zu können, die sagt: »Hier ist jeder Tag wie ein Tag am Wasser.«

Mein Schreibtisch ist wie immer, wie in den Computerschreibtischmuseen: knallgraue Einfärbungen in schwarzem Farbstoff, ein ausgesprochen weicher Sessel und ein Bildschirm mit unerhörtem Rangmodell. Ich sitze an derselben Stelle wie immer, es ist ein winterlicher Tag, ein schöner Morgen vielleicht, und in meinem Kopf schlägt eine sich mir entgegenstellende Stille durch: Bald, bald müssen wir hier raus. Ich denke an alles, was nicht hier ist. Ich bin der Eindruck, der sich nicht bewegen kann, ich bin der Auflösung geweiht, bin nur eine unsichtbare Flüssigkeit, die in der Abfüllung der Tage und Wochen liegt. Ich tropfe wie die Eisperlen, die auf dem Kieferling in nasser Schicht lagen. Die Gedanken über mich selbst baumeln auf den Wogen der Abfüllungsflüssigkeit; vor allem aber fühle ich mich, als würde ich zum zweiten Mal in meinem Leben für eine Woche in einem schmuddeligen Krankenhausbett liegen: Ganz still, nur das Rumoren der Programmierer in der Nachbarschaft vernehme ich.

Es klopft an der Tür. Ich schaue hoch und öffne.

»Alle halten sich an die Regeln«, sage ich.

»Einige Regeln sind nicht sonderlich bekannt. Ich will aber nicht, dass ich nur eine Figur bin«, sagt der Mann, der hereinkommt und mir einen Kaffee anbietet. Ihm kann ich nichts sagen, er steht in der Tür, seine Hand ist auf mein Herz gespannt. Quasi-Gott, denke ich.

»Einen Moment.«

Er sieht auf das Tagebuch herab, das ich von Lina aufgehoben habe, und fragt: »Was hast du denn da?« Dann nickt er zustimmend und lässt seine Hand sinken, als ich ihm vorwerfe, ich würde ihm etwas anvertrauen.

Wir schließen die Tür ab, der Ringer ist offen, Lina ist noch nicht zurück. Ich werde nervös.

»Ich habe gerade gesehen, dass du dich weigerst, eine Rolle zu spielen«, sagt er. Ihm ist klar, dass ich nicht in dieser Welt bin, dass mein Leben nichts Sinnvolles tut, dass ich nicht jedem meine Geschichte erzähle. Aber er wirbt weiter, nur warum?

»Lina würde denken, ich sitze in Miami und mache, anstatt aus dem Fenster zu schauen, Schreib-Druckereien; ich müsste einen ganzen Schreibtisch in einer Schleifstube voller Papiere aufrühren, um irgendwas zu erfinden.«

Der Mann wirkt hochverschuldet und abgeschäftigt, ein weißer Gürtel um den Hals, wie meine Mutter jeden Morgen, wie ein Schild am Straßenrand, das zeigt, dass die Menschen, die die Straße entlangfahren, an der richtigen Stelle angekommen sind. Lina würde aus den Fenstern unsere Leute nicht sehen; sie besitze ihren Verstand nicht, sagte sie einmal, das Schreiben sei ihr eine Selbstverständlichkeit. Hätte sie jemals ernsthaft darüber nachgedacht, wäre es wahrscheinlich nicht so gewesen – die arme Lina.

»Ich habe nur einen einzigen Rat für dich«, sagt der Mann nach einer Weile. »Kürz deine Reise, dann kannst du die Regeln üben.«

Der Mann sitzt lange im Büro, ich hoffe, er sieht, was ich brauche, das kleine Gesicht mit den dunklen Gesichtszügen. Er gibt mir seine Hand, als ich ihm die Tür schließe. Dann geht er.

Das Wort, das der Mann von der Ãää ausgesprochen hat, ist eine Geste, die mir in den letzten Monaten zur Einsicht geworden ist: Ich habe meine Identität nicht mehr wahrgenommen. Das Gefühl: Ich bin nicht zurückgelassen worden, ich habe allein aufgehört, zu schlafen, ich bin aus dem Bett rücklings in den Tod gestiegen und nach draußen geschlichen, klinisch. Mir ist kalt.

Der Einzug der Kommunikation in das alltägliche Leben

Marion Mierns, die bei einem der letzten Kongressseminare auf Sylt Bücher zur Frage nach der Kommunikatik der Wirklichkeit vorgestellt hatte – ihre Forscherinnen haben auf das Problem des Authentischen keine eindeutige Antwort gefunden, und ich bin mir sicher, dass es kein unbeabsichtigtes Ziel war, das sie gemeinsam hatten, bei denen, die an die Universität studiert haben, oder einfach Menschen, die in der Stadt leben, eine gewisse Entspannung zu provozieren (wobei Kommunikatik ein Wort ist, das mir zu hochgestochenen Gebirgszügen passt, zur intellektuellen Anstrengung, die sich in die Unendlichkeit begibt) –, lässt sich auf unsere Einladung hin über ihre geschichtlich-analytischen Bewertungen von Maskenmaschinen-Entdeckungen aus, wobei sie das Werk von Peter Kegel und Lavinia Greß maliziös miteinbezieht. Sie komme, sagte sie in einer E-Mail, weil sie unseren Werbefilm gut finde.

Sie sitzt im Keller von Jellyfish Ps Wohnzimmer und erklärt uns dies und das in jenem Ton, dem ich schon früher in Klassenbesuchen und in der Werkstatt bei Gesprächen mit meinen Lehrern begegnet bin: leicht nachdenklich und artig, zugleich geistreich und inspirierend, aber auch mit einem gewissen Zynismus, der irgendwie schon von Jugend an in ihrem Gesicht zu erkennen gewesen sein muss. Die Veranstaltung hat den Titel »Kommunikatik: Wie entscheiden Menschen, Entscheidungen zu treffen, wenn sich die Realität widerspricht?«

Mierns steht vor der Maske des Wohnzimmers: Die maskierten Figuren sind ihre Maskenmasken. Auf dem Pult vor ihr liegt ein Laptop, auf dem sie eine Website öffnen wird. Wir sind nicht ganz dabei, aber Mierns hat einen schweren Hintergrundanruf:

»Eine ungeregelte Auswanderung, die nicht zur Verteidigung einer gemeinsamen Sprache, aber zur Entmachtung des Bildungswesens führen kann – das wäre ein Platz für uns! Theorie ist Kunst und Kultur, und Kultur weitert das Zusammenleben. Lavinia Greß, Peter Kegel, Marion Mierns – das ist das Menschenbild des Menschen und der Menschenbilderinnen, eine Kunst, die wir nicht immer durchführen, weil wir euch in uns befruchten, weil wir uns nicht mehr in unserer Kunst und in unserer Wissenschaft bewegen – denn wir sind uns schon zu euch entglitten. Kooperationen und Koalitionen? Das sind Kinderkriegserklärungen. Freunde, lasst uns einen neuen Sturm auf das Gebirge schlagen, lasst uns die Hütte durchbrechen, wir wollen keine Zukunft ohne DARIA. Kommunikatik ist, wenn man es auf die Art und Weise anwendet, in der wir es heute behandeln, eine Kunst der Anspruchshaltung; es ist ein theoretisches Werk, das sich in die Praxis des Bildungswesens einbricht, das sich in die Praxis der Kommunikation ausdehnt.«

Wir sitzen aufrecht in unseren Stühlen und warten auf den nächsten Satz von Marion Mierns, die mit einem Schlag unsere Sprache zu Worten formt, die noch nie zuvor ausgesprochen wurden, aber so schwer zu fassen sind, als hätte man es vorher schon gespürt.

Es ist mir auf einmal wirklich wichtig, darauf zu achten, wie sie das Wort Kommunikatik in der Mitte ihrer Rede ausspricht.

Sie sagt: »Wir alle, wir alle, wir alle.«

Wir alle.

Alle.

Alle.

Wie soll das gehen, wenn es so viele Menschen gibt, die sich nicht in unsere Sprache einbauen können? Marion Mierns, sehe ich, trägt einen Stoffbeutel unter ihrem Mantel. Darin sind die Masken, die wir ja alle in der Schule gesehen haben, als wir aufwuchsen.

Sie sagt: »Die Kommunikatik der Wirklichkeit ist das Prinzip, nach dem die Wirklichkeit funktionieren sollte, das sich aber mit der Implementierung als Nicht-Entdeckungserfolg als Fehlschlag erwiesen hat, für alles, außer für das Schließen der Türen und die Festlegung von Zeitpunkten für die Rückkehr der Bewohnerinnen und Bewohner des Gebäudes anhand der Position des Mars am Himmel. Das Unternet war kaum etwas anderes als der Kommunikationsweg zwischen den einzelnen Maskenkolonien. Das ist Kommunikatik: ein Netzwerk, das sich auf die Maskenkolonien stützt und diese im System aufeinanderschlägt; ein Prall, aus dem Jene hervorgehen, die eine Gruppe maskenhaft erschaffen haben, aus der dann die nächste kolonialistisch hervorkommt, die wiederum die Letzten kolonialistisch erschaffen will und die, insofern sie an das Werk anknüpft, sich als Kommunikationsweg erweist. In Miami, im Unternet, in der Sprache; im

Kommunikativ, im Verschwörungsmythos, im Bösen, im entscheidenden Wort, im Gedächtnis.«

Wir klatschen alle, und wir sind alle so enttäuscht, dass wir uns eine Weile nicht ansehen können. Theorie also, theoretisch ist die Theorie ja keine Kunst, sondern eine Geschichte, die sich einstweilen in unserer Kommunikation und unserem Verhältnis zu Kunst und zu Wissenschaft und zu Kunst als Kunst ergibt, eine Art der Wirklichkeit, die ich schon von meiner Kindheit kenne. Wohin das führt? Wohl entspannt sitzen wir da und warten auf den nächsten Satz.

Sie sagt: »Und alles, was an Kunst und Wissenschaft und Kultur aus den Maskenkolonien hervorgegangen ist, ist Ausdruck der Körperlichkeit der Kommunikation, nicht der sprachlichen, sondern der kollektiven. Peter Kegel ist es in seinem Werk, von dem wir reden, darum gegangen, was wir alles in uns und außerhalb von uns wollen: ein Netzwerk zu haben, um den Menschen als einen Kollektivkörper anzusehen, an das Netzwerk anknüpfen zu können, sich in Bewegung zu setzen, sich zu vernetzen. Lavinia Greß, die Kollektive, die Kollektive, die Kollektive, das ist das.«

Der Satz kommt, und wir sind alle wie gebannt auf unseren Plätzen, die Beine ausgestreckt:

»Es wird Zeit, dass wir, die kommenden Maskenkolonien, in der Gesellschaft eine Rolle spielen, die nicht durch unsere Kunst erkauft wurde, sondern durch die Kunst, die die Maskenkolonien in die Gesellschaft gemischt haben – und DARIA wird jemand werden, der uns daher als ein

Netzwerk versteht, das sich in Bewegung setzt, das uns als Gegenkapital aufnimmt, das uns vorwärts und nach vorn bringt, insofern wir das wirkliche Gedächtnis lösen wollen, das wirkliche Wissen, das wirkliche Erinnern und die Wirklichkeit selbst.«

Sie erschüttert sich und mit sich uns.

»Das, liebe Freunde, heißt Kommunikatik: Unter der Oberfläche der Wünsche, die in uns hin und her geneigt sind, ist etwas in uns geblieben, das undurchschaubar ist, was wir uns erst dann nehmen wollen, wenn wir uns durch unsere undurchschaubaren Wünsche das wirkliche Geschehen ins Erinnern setzen.«

Sie steht auf, wir sind ganz still im Raum um uns herum, dann geht sie.

Die Viren disziplinieren sich nicht

Die Zeitläufte beschleunigen sich, Kommentare treffen von überallher ein:

»Ich habe das Gefühl, dass die Welt bereits auf der falschen Seite ist.«

»Eine kleine Weltversammlung, bei der die Menschen aufeinandertreffen und gemeinsam die Welt bei ihrer Schließung retten, das wärs.«

»Es ist doch nicht so, dass die Menschen, die sich in der Schweiz aufhalten, in Berlin überfahren werden.«

»Die Schwadrone erschießen die Leute.«

»Aber die Fläche ist zu klein, um so viele Leute zu beherbergen, dafür gibt es zu wenig Zimmer und Plätze, weshalb die Leute sich aus der Welt raushauen.«

»Ich meine, der Bauchschoner, der die schöne Seite der Welt zu bewundern hat, wird jetzt sich wieder in die Vergangenheit zurückziehen.«

Jellyfish P stellt den Bildschirm ab, aber Lint ist bereits auf dem Hörer.

»Hast du was gegen die Viren?«, fragt er.

»Soll das hier die Wahrheit sein?«, wird er angebrüllt, schrill.

Lint macht eine schiefe Bewegung mit dem Kopf, als würde er durch das Muster des Spams klicken, und ruft Jellyfish P zu sich herüber: »Ich bin krank. Ich möchte einfach nur sitzen und zuhören, wie sich die Leute in der Vergangenheit mit den Viren unterhielten.«

Lint hat seinen Kaffee auf den blassen Schatten des Kieferlings gelegt, auf dem Bildschirm sind Kämpfe in Berlin zu sehen, Rauch schmiert die Leitungen zu, Feuer aus den Gullys. Jellyfish P sieht jedoch nur einen großen Raum mit mittelalterlichen Figuren. Lint sieht auch kleine Schatten und dunkle Figuren. Beide blinzeln müde.

»Die versuchen irgendwie, die Viren zu töten«, sagt Jellyfish P.

»Was soll diese kulturelle Hölle?«, fragt Lint.

»Ist das wirklich die letzte Überzeugung?«, fragt Jellyfish P. »Oder ist das ist nur der zweite Teil?«

Dann beginnt Lint zu grinsen. »Meine Freunde, wie gesagt, wir haben diese Gegenwart nie so erlebt.«

Ich habe volles Vertrauen in diese Leute und verpasse der Gruppe das letzte Wochenrätsel, weil sie sich darauf konzentrieren, ihre Künstler und den Rest Deutschlands vor den Viren zu retten. Es war komplett gut.

Lina staunt, als er meint, die Leute aus Berlin zu hören, die nicht mehr sehen, wie die Welt vor ihnen scheint.

»Wenn es möglich ist, ein bisschen Glück zu haben im Leben, dann macht es mich glücklich, den ganzen Tag über mit den Wörtern zu arbeiten.«

Jellyfish P sieht uns an, wie er so zu seiner Zuhörerschaft blickt. »Kommentare?«

Lina seufzt, sie macht eine weitere Bewegung mit dem Kopf. »Worüber reden die Leute?«

Über Jelliot, war die Antwort.

»Wir sind alle so verwirrt«, sagt Lint. »Manchmal glaube ich, wir kommen nicht mehr zurecht.«

»Ich denke, dass wir alle von den Viren krank werden.«

»Die Viren sind eine Art von Krankheit?«, fragt Lint.

»Ich würde sagen, ja«, sagt Jellyfish P.

»Sie sind eine Art von Krankheit, die das Leben von uns und von den anderen Menschen zerstört.«

»Wie sieht die Welt aus, wenn sie von den Viren krank wird?«, fragt Lint.

»Wie sieht sie aus, wenn es keine Viren mehr gibt?«

»Das ist die Frage«, sagt Jellyfish P. »Wir wissen es nicht.«

Lina schaut auf den Bildschirm. »Was sieht die Welt aus?«

»Eine Welt voller schwarzer Schatten.«

»Ich glaube, dass wir alle zurückfallen werden.«

»Es ist ein bisschen wie eine Welt ohne Wasser.«

»Wir werden alle sterben.«

»Ich denke, dass die Menschen sterben.«

»Ich denke, dass die Menschen sterben.«

Er hebt den Kaffee auf und wirft ihn auf den Bildschirm, als würde er eine Bombe in den Kaffeetisch legen.

»Das sind Kämpfe in Berlin«, schnauft Jellyfish P, »die Viren sind da, Jelliot.«

Im Bildschirm sehen wir die Figur des Künstlers, der in einem Käfig sitzt, und Jellyfish P schaut zu, wie diese Figur aus dem Käfig springt und wie sie dann zu einem anderen Käfig geschleift wird. Lint ist erschöpft, aber er grinst, als er die Situation verfolgt. Deshalb erzähle ich ihm, dass ich, wäre es anders gekommen, einen Vortrag gehalten hätte. Thema: »Überzeugung und Verweigerung: Was lehren uns die Viren für unsere tägliche Lifestyles?« Darin hätte ich mich auf den Ruf meiner Kollegen gestürzt und dabei verständlicherweise zwischen der Beurteilung ihres Verhaltens und der Verhältnismäßigkeit einer solchen Beurteilung unterschieden. Fazit: Man müsse sich ständig erinnern, dass man nicht für jeden ein Käufer werden wollte, sondern Nutzer.

Denn was hat uns Marion Mierns gelehrt? Was Peter Kegel? Was Lavinia Greß? Doch nur, dass man nicht für jeden ein Käufer werden kann. Die Städte Berlin und Miami, in denen die Viren eine neue Welt geschaffen haben, braucht kein Berliner, keine Miamierin, sondern Gegenreaktion. Man muss sie automatisieren, durch praktische und pragmatische Innovation, um die Viren zu vernichten. Wo ist DARIA?

Rotterdam, die Stadt der Schulen

Die Rote-Lippen-Schriftstellerin und Übersetzerin aus Süd-Berlin namens Marka Diamond hat eine ganz besondere Aufgabe: Ihre Texte wirken als Kommunikation in den Medien, sie bewahren aber immer auch etwas Unheimliches, was manches Leben symbolisiert oder es mit dem Tod endlich zu Ende erscheinen lässt. Marka kennt den Künstler, daher treffen wir sie auch, trotz aller Todeskuriere im Hintergrund, in Berlin.

Marka Diamond ist eine runde schwarze Figur, in ihrem Rücken trägt sie seit geraumer Zeit dicke Armbindungen. Sie ist ja berühmt, und jedenfalls sieht man, wenn man durch Rotterdam fährt, nichts mehr ohne das Wortzugband: »Die Stadt der Schulen grüßt die Kommunikationstechnikerin Marka Diamond«. In ihrer Wohnung steigen wir vom Sub-Bahn-Gleis und treten ein. Ich bin mir ungern bewusst, was für Lebensallianzen hervorgeherrscht haben müssen, um den roten Teppich – Farbmustereien? Vermummte Figuren? – so zu bemalen. Kein Lift, keine Treppe, stattdessen eine Handvoll Stützungen, ein paar Riegel und Befestigungsringe. Im Foyer liegen Menschen auf dem Boden. Alle sind westlich gekleidet, alle haben diese schmutzigen, weichen Hemden mit rundlichem Kragen und Lederhosen mit überziehendem Kaschmir-Öl sowie – vor allem – dicken Halsbindenhälften.

Markas Wohnung riecht nach dem Rauch, der jetzt immer in Berlin zu riechen ist – wohl, weil hier alle eine lebhafte Sozialisation haben, die diesen Riech dazu anregt, sich seinen Lauf zu geben. Wir fanden die Stationsnamen auf dem Weg hierhin exotisch: Stadtmitte, Kulturland, Sportgarten, Daseinsbilde der Gegenwart, Savolliner Brache, Waleinsatz, Volapüksen-Museum, Plattensemmelbeerfluss, Dorfchert und Ohnmächtiger Humor. In diesem Teil Berlins, in dem sich Häuser scheiden lassen, Arbeitskähne aufstoßen und eine verworrene Hauptstadtbarriere aufgebaut wurde, wird wahrscheinlich auch der Name der Wohnung nicht überraschen: Am Gebirge.

Wir machen Smalltalk, wie es der Künstlermarkt so will.

»Fortschritte sind wie ein Schulkorps in Florida, das traditionsgehörig startete und jetzt tausendmal so laut und atemberaubend zu sein scheint wie all die Early-Bird-Erwachsenen in Berlin.«

»Die Diakoniepraktikanten bevorzugten im modernen Gros gar nichts, die haben sich in den Neunzigerjahren eine Art Vergesslichkeit eingefangen.«

»Und auch wenn meine Klassenlehrerin damals behauptete, wir wären immer noch zu zahlreich, um einen Anstrich zu vermitteln, hat sie doch sehr wohl ihre Augen dafür offen gehabt, als ich ihr mal den Blick auf die Berliner Kollegen anwies, die nach und nach aus dem Fach gefallen sind.«

»Ja, und weil es ja nicht ausbleibt, dass immer mehr junge Leute nicht mehr oder nur ähnlich auf die Alpen oder in die Berge absteigen und sich dort ein neues Leben abholen wollen, haben auch einige dieser Kollegen ihre Eltern nach Berlin geholt und als Mitarbeiter in den großen Sälen der Stadt zur Schau stellen wollen, um damit den neuesten Interior Design-Trend zu markieren.«

»Was weiß ich, was aus denen geworden ist.«

Marka erzählt jetzt vom Künstler: »Er hat sich einen anderen Namen gewählt, ich weiß nicht mehr genau, aber er heißt jetzt wohl auch ›Kommunikationstechniker‹. Wie ich. Er hat ein neues Werk. Das Ganze besteht aus zwei Teilen: den Social-Media-Schriften des Künstlers und dem Geschichtsbericht von seiner Frau. Das erste Stück ist ein Lehrbuch im Umgang mit der Branche, das zweite ist eine ganze Kopie eines Werkes, an dem die beiden vor 13 Jahren anfingen, miteinander zu schreiben, und das sieht wie viele Artikel in einem größeren Journal aus. Ansehen kann man sich beide Werke in München-Leningrad, direkt auf der Straße der beiden selbst, oder im Internet, wo auch noch alle Fehler eingeblendet sind. Es sind einfach fantastische Schreibungen und die zugehörigen Kommentare zu einem damals sehr beliebten Thema wie inarterieziode Biotechnik oder Genderversetzung. Erscheint das heute noch jemandem unpassendes Material zu sein? Nein! Große Kunst.«

Marka Diamond verfasst immer alles exakt so, wenn sie spricht. Erst hinterher denkt man dann, was für einen schmutzigen Westler diese Erinnerungsflut repräsentiert haben mag. Einen kranken Westler, der sich immer wieder in die Nähe kommen will und mit den Fingern durch ihr Gesicht fährt.

Die Frau der Stadt der Schulen ist ein gewisses Gefühl: Nie zuvor habe ich mich so viel umgehört gefühlt, es war fast schon unerträglich. Was mir im Büro passiert ist, mit dem Mann von der Ãää, erscheint meinen Sorgen entgegenzukommen. Ich döse weg; jemand hat mir einen Kaffee hingestellt, aber er steckt in einem dieser Lederleibchen des verdreckten Künstlerteppichs.

Marka sagt mit einiger Einsicht: »Du hast dich von allem getrennt!« Und nun sei ich entsprechend allen anderen davon betroffen (oder besser gesagt: bereitwillig). Es ist genau der Ermattungsversuch im Vorortkrieg, den ich in den letzten Tagen durchgemacht habe. Der Mann von der Ãää gehörte dazu.

»Verzeihung, Frau Diamond, aber sind Sie nicht Kommunikationstechnikerin?«

»Nein.«

»Oh.«

Das ist eine Sackgasse, denke ich, aber – wie jedes Mal, wenn es um die Gesellschaft geht – woher soll ich das wissen? Hier jedenfalls können wir keine Software herstellen, die ohne Wissenschaft und Überzeugung von uns selbst funktionieren würde, das ist ganz klar. Wir hauen ab. Die Frau der Stadt der Schulen ist eine ganze Menge komplexer, als es die Masse jener Menschen auf dem Weg zum Büro nahelegt.

Krankenwagenmenschen - Kommunikation - Vergangenheit - Nachwirkung - Zukunft

Kurz nachdem wir in Berlin gewesen sind - ich bin wieder zu Hause –, bekomme ich plötzlich eine Pushnotification auf meinem Phone: »Die Krankenwagenmenschen sind auf dem Weg zu dir!« Ich springe aus dem Bett, nehme meinen Laptop und schaltete das WLAN ein.

»Was machst du da?«, frage ich mich, während ich an meinem Arbeitstisch sitze und die Website öffne, auf der der Arzt an einer Station grübelt, die wiederum an einem anderen Ort ist. Die Klinik ist zu erwarten. Lina steht neben mir und schaut mich ungläubig an, während ich die Seiten aufschlage; dann fragte sie: »Kannst du das hören?«

»Wie soll ich es denn hören?«, frage ich.

Ich schiebe Lina hinter mich, räume meinen Laptop aus und schlurche aus dem Bett.

Ich öffne die Tür, rufe: »Lint, Lint«, und schließe sie wieder.

Die Krankenwagenmenschen kommen mir vor wie ein Traum, vielleicht arbeiten sie für die Ãää, vielleicht aber kommen sie aus einem anderen, besseren Traum.

»Das ist kein guter Ort«, höre ich erschrocken Lina sagen.

Das Phone ist nicht mehr da, aber ich kann es immer noch hören. Mein Kopf schmerzt, meine Augen sind schwarz, ich kann nicht mehr fühlen, wo meine Hände sind, so wie einmal, als ich noch ein Kind war und meine Mutter mich in ein Bad nehmen wollte und ich mich auf die Beine stellte, um nicht zu kriechen, und man sie dann mit einem Stuhl auf mich losgelassen hatte, um mich zu retten. Seht, genau erinnere ich mich – es war ein schöner Moment in meinem Leben, denn ich war damals noch ein guter Junge.

Mein Kopf ist unfruchtbar, weil er das Gefühl hat, jetzt wahrgenommen zu werden. Um mich zu beruhigen, spreche ich mit diesem abgestellten Handwerker in der Tür, der hier ist, um einige Vorurteile über alles verbreiten zu können. Ein großer Mann mit auffällig geschnittenem Gesicht, das zersetzt ist wie ein Geschirrbrett. Es ist zittrig wie von allen schlechten Zuständen und wie eine leere Tasse Kaffee und hat ein Abzeichen von seinem Vorsitzenden am Revers.

Es geht um die Konflikte und Plünderungen, von denen man nun allenthalben in den Nachrichten hört und von denen er nichts weiß, außer dass die einen sich vor den anderen fürchten.

»Wird das nicht zu einem doppelten Krieg führen?«

»Das hängt von der politischen Entwicklung ab.«

»Werden Sie nicht nur für Ihren Vorsitzenden sprechen?«

»Was weißt du von ihm?«

»Eine ganze Woche lang wird er nicht sprechen, weil er sich zurückziehen wird.«

»Was weißt du davon?«

»Sie können überhaupt nicht?«

»Aber er ist doch gewählt!«

»Ich weiß nicht, was er auf den Tisch legen wird.«

»Er hat eine Rede in einer Woche.«

»Was hat er denn zu sagen?«

»Das weiß ich nicht.«

»Das ist doch ein kompletter Irrsinn.«

»Ich denke, es ist die Aufgabe des Vorsitzenden, einen Plan zu haben.«

»Hat er einen?«

»Nein.«

Danach geht es für mich in die Klinik.

Das Ungeheuerlichste ist die Tatsache, dass wir kein Wort für die Kräfte haben, die uns zusammenführten

Also: Die Ããä hat mich in die Klinik gebracht. Die Klinik ist ein großes Gebäude mit einer riesigen Eingangstür, aber auch ein Versprechen: ein orphischer Wirbelsturm aus Verwirrung und Ungewissheit, der die Welt ins Ungleichgewicht bringt, während die Uhr tickt und die Vergangenheit sich langsam von einem verabschiedet. Meine Freunde sind die schlimmsten Patienten, denn sie sind nicht da. Ich bin allein, denn auch die anderen Patienten sind nicht da.

Innen in der Klinik riecht es nach nichts – nur nach dem Geruch der verrosteten Rettungswagen, nach einem kurzen Moment, in dem das Leben weitgehend ruiniert ist, nach kranken Menschen, die aus der Angst ihres Lebens zurückgedrängt sind in den Gewahrsam der Klinik. Trotzdem sehe ich sie nicht, rieche nur ihren Duftschweiß, die Schwitzangst, das schmutzige Gefühl, dass der Ort nicht mehr so richtig funktioniert wie früher, und ich will nicht, dass die anderen Patienten das Riechen sehen. Ich will sagen, dass ich sie alle nicht wirklich hasse, und ich will sagen, dass ich sie gern habe.

Dann gehen wir alle abends ins Bett. Wenn wir morgen von dieser Geschichte nicht ein bisschen ins Unglück gestürzt werden, dann ist das auch geschehen.

Lasst uns nicht zu realistisch sein.

Lasst uns einfach davon ausgehen, dass man gute Dinge in der Welt hat und dass die Welt nicht beschlossen hat, uns auszulöschen. Nein, nein, kein Vorschlagzeitraum, keine Rechnungsabschlüsse, keine Verfahrensabläufe. Kein Plan, kein Projekt, keine Ambitionen, keine Vorhaben, keine Aufgaben, keine Ziele, keine Prioritäten und schnell vergessen, dass die Uhr eine große Rolle spielt. Stattdessen: nur dieses Gefühl, dass sich die Welt auf die falsche Seite gezogen hat, dass die Menschen auf einmal nicht mehr auf sich achten, dass die Welt das alles nicht mehr hinnehmen kann, dass die Welt sich abwenden will, dass die Welt nach vorne schaut und dass die Welt plötzlich ein Dämmern fühlt und sich umdreht. Dann ist sie weg. Das wäre halt gut für die Welt, aber für mich halt schlecht. Denn dann würde ich nicht wieder mit meinem Leben zufrieden sein, nicht wie sonst jedes Mal, wenn ich das Gefühl habe, dass ich das, was ich war, nicht mehr bin, dass ich nicht mehr nach diesem Ziel ausgerichtet bin, das meine Mission gewesen ist.

Ich habe das Gefühl, dass ich nie wieder mit meinem Leben davonkommen werde, nie wieder mit meinem Leben davonkommen werde. Diese Welt hat sich auf eine andere Seite gezogen. Das passiert mir jedes Mal mit großer Regelmäßigkeit; jeden Tag mit großer Regelmäßigkeit. Die Welt ist auf eine falsche Seite gezogen; die Welt ist aus dem Abfall hervorgegangen.

Hätte ich den Text ausgespielt – unsere große, unvollendete Pilgertheorie –, dann hätte ich jetzt das Gefühl, dass die Welt nicht mehr auf sich achtet; dass die Welt sich abwendet, nach vorne schaut; dass die Welt plötzlich ein Dämmern fühlt und sich umdreht. Das ist eine schlimme

Vorstellung. Querness ist die Dämmerung, die es in diesem Raum gibt; quer ist auch das, was uns hier passiert, denke ich, weil es so viel Theorie hier gibt und sich immer wieder neue Begegnungen vorstellen: die Aufgabe des Lesers, die Geschichte aufzusuchen, die Geschichte zu finden, die die Geschichte ausgelöst zu haben scheint. Oder: dass ein Mensch wie ich hier sitzen muss, in diesem Raum, in diesem Gebäude, und sich daran erinnert, dass er eigentlich aus der Wohnung fliegen sollte.

Die Wohnung. Der Künstler. Ich erinnere mich: dieser Mann, der aus der Küche kam, mit seiner schweren Statur und seiner schlanken Gestalt. Nach dem Besuch bei Marka Diamond hatten wir doch noch ein Treffen mit ihm beim Cafettenhaus, ich trank viel, und er sah aus wie eine Katze. Er erzählte mir, dass er aus der Wohnung geflogen war, weil in Berlin ein Gebäude des Landesverbandes der DGS (Deutsche Gesellschaft zur Bekämpfung der schweren Krankheiten) gebaut werden sollte, das eine Unterkunft für Menschen mit lebensbedrohlichen Infektionen beherbergte. Welche das waren. Es waren Menschen, die in einer neuen medizinischen Einrichtung in Berlin ein paar Tage waren. Warum. Weil sie an einer schweren Krankheit litten. Welcher. Den Lebensviren.

So war das. Als Danyi und ich damals das erste Mal aus der Wohnung des Künstlers gingen, waren wir noch jung, noch so gut und dankbar für alles. Dann kam der Künstler zu mir herüber, nachdem er mich für eine Rolle in seinem Projekt eingestellt hatte, und fragte, ob ich denn auch mal die Arbeit mit seiner Frau machen würde.

»Und wer ist deine Frau?«

»Lavinia Greß, wir sind seit fünfundsiebzig Jahren verheiratet.«

Sie habe schwere Lebensmittelunverträglichkeit, sagte der Künstler, und bei ihr gehe es schlecht, weshalb sie ständig eine Tür im Haus schließe, beständig ein Fenster schließe und auch noch die Wohnung komplett auslöschen wolle.

»Sind das auch ...«, fragte ich.

»Ja, diese Lebensmittelunverträglichkeit.«

Ich meinte etwas anderes, die Lebensviren. Er war schon weg.

Aber ich bin in der Klinik.

Hätte ich den Text ausgespielt, dann hätte ich jetzt geglaubt, dass Lina und ich seit fünfundsiebzig Jahren verheiratet sind; dass Danyi eine Ewigkeit lang in Berlin gelebt hat, weil er an der Krankenstation arbeitet; dass er vor fünfundsiebzig Jahren nach Miami geflohen war und die Stadt nie mehr verlassen wollte; dass es nicht mehr passiert ist. Lina hätte sich weiterhin auf Comic-Comics konzentriert, und Danyi wäre einige Zeit in dieser Wohnung gewesen, wegen seiner Frau Eliza. Er hätte jahrelang bei ihr gearbeitet und sie auch immer mitnehmen wollen, aber ebenso lange hätte sie ihn nicht in ihrer Wohnung gesehen. Lina hätte wieder in Bochum gelehrt. Ich hätte für mich aber keine Zukunftsperspektive gelten lassen: So wäre es immer geblieben. Denn woanders wäre kein Ort zur Haltung von Antworten mehr da; sofern man hier bliebe, wäre auch keine Gesellschaft mehr da; sofern man hier bliebe, wäre auch keine Nation mehr da; sofern man hier bliebe, wäre auch keine Welt mehr da.

Lint: »Gute Nachrichten?«

Danyi: »Nein.«

Das kleine Gesetz, das Miami beschließt, dass Miami nichts Besonderes sei, dass man nicht den ganzen Kongress auf der ersten Seite, sondern auf der vierten schließen müsse, und das erledigt das ganze Problem

Ohne mich: Danyi, Lina, Lint und Jellyfish P. Ihnen erscheinen die Viren, die durch Berlin und durch Miami streifen, langsam wie ein Schattenbuch aus dem Wüstenrot. Wie eine Umgebung mit Gartenhaus, ein Haus mit den Kindern, ein Hochhaus, eine kleine Seereise, eine schlechte Seereise. Danyi und Lint sind aber eh schon immer ausgewandert gewesen. Sie wohnen nun in Miami, manchmal bei seinen Eltern, weil seine Mutter arbeitslos ist. Dann schlafen sie in seines Vaters Hotelzimmer und besuchen sich bei ihren Großeltern in Kalifornien. Es ist ein kleines, gewaltiges Haus aus Papier, das sich über lange Jahre erschaffen hat, indem man es einfach weiterführte. Dagegen ist der niedrige Kongress kaum hervorzubegreifen gewesen. Das Gebäude, in dem jetzt aufgebaut wird, erscheint nach wie vor als ein weiteres kleines, altes Hotelzimmer.

Während der niedrigen Kongressferien – und direkt nach DER UNTERSCHIED – machten zumindest Lint und Danyi eine interessante Entdeckung, weil sie sich dort einiges an kulturellem Umfeld bilden mussten, das sie in den Städten nicht kennengelernt hatten. Die Insel war ihnen eine neue Erscheinung, und sie verbrachten die letzten Monate ihres Urlaubsverlaufs in Miami auf den Bahamas, wo sie sich eine Übersicht darüber verschafften, was auf den Bahamas zu finden war. Das war ein Test für Sylt. Dort sahen sie die ganze Palme, die der niedrige Kongress war. Er verfügte über keine eigenen Büros, keinen eigenen Verwaltungssitz, keine eigenen Mitarbeiter, keine eigenen Schichten. Stattdessen war auf dem Kongresszettel zu lesen: »Eine Handvoll Menschen, die seit Jahrzehnten hier in Sylt ein Leben führen.«

Damals hatte Danyi noch Eliza vor den Palmen gesehen, obwohl sie schon abgeschaltet war, vor den Gebäuden und Seilen, die sie hielten. Viel öfter aber sah er Touristen, aber keinen Kongress, jedenfalls nicht den, der ihn einfach zum Gespräch bringen würde. Er mischte sich zwischen die Kongressläufer und die Palmen und war auf jeden Fall unheimlich schwermütig. Sylt wirkte auf ihn grausam, unfassbar, verwundbar, versteckt, aber gleichzeitig so fremd und neugierig, um nicht zu zerbrechlich für seine Augen zu sein. Später entdeckte er, wie niedrig auf dem Grund der Insel, wie überall auf der Welt, die Kongressferien stattfinden. So gab es etwa eine kleine Stadt in der Hochebene des Kongresses, die im Sommer bei den meisten Kongressgästen bekannt war, weil sie als einer der letzten Orte der US-Ozeane auf den Strand zurückgekehrt war, als die Todesschwadronen plötzlich in der Luft waren, die Lüftungssimulationen begannen und sich die Menschen in ihren Autos umdrehten, um sich von der unheimlichen Wüste abzukapseln, die zurückgeblieben war.

Lint und Danyi dachten, es würden das Gebäude in der Stadt-Ebene sein, in der sie schon länger untergekommen war. Doch als sie sich auf den Weg machten, sahen sie, wie ein Mann in einem dicken Anzug eine Kamera und eine Stickerdose mit mehreren kleinen Plastikfiguren in seiner Hand hielt und in die Luft wirbelte. Er sagte irgendetwas in einem Dialog mit den beiden kompetenten Frauen, die sich kurz um ihn herum versammelt hatten.

»Hört mal«, sagte er, »das ist ein verloren gehetztes Tier, ein verloren gehetztes Tier.«

Dann schaute er sie an und wurde rot.

»Der ganze Kongress ist verloren gehetzt«, sagte er.

Danyi und Lint sahen sich an und dachten, sie könnten nur noch in das kleine Gebäude zurückgehen, ihre Sachen packen und nach Miami zurück, weil sie die Viren jetzt nicht mehr aufhalten konnten und die Ãää die Kontrolle übernahm. Lange her.

Geboren als Gewaltloser

Als der Kieferling aber endlich gebar, wollte mein Vater nichts davon wissen. Während des gesamten nächsten Tages blieben die Eltern weit weg, als wären sie in einem Gebirge aus himmlischen Eierschalen, nur ich war anwesend, um zuzusehen, wie der Kieferling elend im Wassereimer klebte und sich den Körper abzog. Das Kreißen des Kieferlings bestand darin, dass er immer wieder heftig zu röcheln und dann zu schmoren begann. Dampf stieg aus seinen Mundwinkeln auf, was ihm nicht Scham nahm, sondern eher missfällend machte. Er roch nach dem seltenen Rauch einer Zigarettenpfeife, während feuchtes Haar aus dem Körper baumelte. Ich beobachtete ihn ohne jegliche Scheu, verspürte eine so große Freundlichkeit für ihn, dass es mich nicht ekelte, als er anfing, heftig zu röcheln und dann zu schmoren. Es dauerte etwa eine Stunde, ehe es zwei Komplikationen gab: Das Brustknochenbrüten war beim Kämpfen mit den Zähnen gescheitert, und die Zähne des Kieferlings waren nicht gefährlich genug, um das Zahnfleisch zu durchbrechen. Ich musste eingreifen und tat, was ich in den Büchern meines Vaters gelesen hatte: Ich schlug mit einem Stein auf den Kieferling ein, bis er sich schüttelte und erschrak. Sofort setzten sich die Zähne des Kieferlings in Bewegung; sie bohrten sich in die Schulter unter dem Oberarm, und das brüchige Fleisch fing an zu bluten. Ich war hocherfreut, denn diese Bewegung zeigte mir, dass der Kieferling vor dem Fall schon mal ein paar Mal gekämpft hatte – und zwar mit Erfolg.

Es dauerte weitere zwei Stunden, bis der Kieferling seine zweite Phase erreichte, in der er schließlich überhaupt keinen Schmerz mehr spürte, sondern nur noch Schmerz empfand. Dann war es vollbracht: Der Kieferling hatte sich das fertig gebissene Zahnfleisch mit bloßen Fingern in den Mund geschoben, während er einen Fuß fest auf dem Rücken hielt, um sich zu schützen; neben ihm lagen, dampfend und klebrig, die Kieferkieferlings, ein abgepresstes Zeug, verschmiert mit dem abgebrochenen Zahn, der zwischen den anderen Zähnen hervorquoll.

Mein Vater, einmal zurück, schaute sich den Kieferling immer wieder an, weil er wusste, dass er ihm nichts mehr abgewinnen konnte. So lange, bis er sich entschied, die beiden Jungen zu füttern und zu säubern. Als sich der Kieferling wieder geheftet hatte, kämpfte mein Vater mit seinen Kräften, denn er wusste, dass die Bebenhöhle des Kieferlings wieder ein Teil der Natur geworden war, und er hoffte, in die Nähe des Kieferlings zurückzuweichen, um ihn endgültig verlassen zu können.

Zu etwa dieser Zeit begann mein Vater, sich für Teichenköpfe zu interessieren, und damals war es auch, dass er eines Abends in die Wohnung ging, um sich eine neue Waffe zu holen. Dabei fand er das Kämpferfähnchen des Kieferlings mit zerrissenen Zähnen und dem Hirn davor, das er dem Teichenkopf hatte aushändigen wollen. Mit Groll schloss er die Tür und ging mich aufwecken, der ich in einer Wanne saß, zitternd und mit schweißnassen Haaren vor meinen Augen und daran denkend, wie ich den Kieferling immer wieder an den Zähnen festhalten musste und auf ihn eingeschlagen hatte, damit er gebar. Darüber wurde die Wohnung ein bisschen taub, ich hörte nicht, wie mein Vater das Zimmer betrat, und ich dachte, dass er mit dem zerrissenen Hirn in der Wohnung irgendeine Unterhaltung geführt haben musste. Stattdessen hielt er mir das Kämpferfähnchen hin, und ich schluchzte, weil ich nicht wusste, was ich damit tun sollte. »Es ist Zeit, dass du aufwachst. Wir müssen los, ins Gebirge, zum Kometensichten.«

Am erstaunlichsten war, dass der Kieferling in all den Jahren immer wieder die gleiche Gestalt annehmen wollte. Das Problem bestehe darin, meinte mein Vater, dass seine Gene immer gleich aussähen, wie die von seinen Jungen: Sie schienen dieselben Grenzen zu bestellen. Er hatte wohl kein Problem damit, dass der Kieferling immer wieder die gleiche Keimzelle bestohlen hatte und diese Keimzelle immer wieder die gleiche Keimzelle und so weiter. Was ihn hingegen aufbrachte, war sein Bestehen darauf, dass der Kieferling etwas Unverschuldetes anstieß, wenn der Teichenkopf ihm das Hirn aushauchte. Denn wenn er auf seine Keimzelle hörte, die er eigentlich schon ganz lange mit seinem Hirn vermisste, dann hätte er automatisch geglaubt, dass die Keimzelle des Kieferlings die des Teichenkopfes sei. Er fühlte sich als Wissenschaftler schuldig, nicht zuzusehen, wie die Keimzelle des Kieferlings immer wieder aussah, wie sie sich veränderte oder nicht. Scham vor ihm selbst war es, was ihn hierherzog, und dass er zu grundsätzlich verdammt war, als dass er es irgendwie schaffte, sich von dem Schuldgefühl loszureißen. Das brachte uns ins Gebirge.

Rückkehr in die South Beach Klinik

Ich bin nicht der einzige Patient, der in diese Klinik gekommen ist, auf der es Dreifachabdrücke gibt und die, wie ich bald erfahren habe, das Hauptquartier des Drei-U-Ten-Schäumeffekts ist.

Die Lebensviren oder der Unterstützernachrichtendienst Ãää hatte den Drei-U-Ten-Schäumeffekt entworfen, um alle denkbaren Fenster zu schließen. Öffnete man ein Fenster, sorgte der Drei-U-Ten-Schäumeffekt dafür, dass das entsprechende Fenster nicht mehr geöffnet werden konnte, indem er seine Energie durch die Fensterscheibe hindurchpumpte und alles aufsammelte, was sich darin bildete, sodass es sich niemals wieder auffächern würde.

Der Name Drei-U-Ten-Schäumeffekt leitet sich davon ab, dass die ersten drei Umgebungsbedingungen für die Entstehung eines solchen Schäumeffekts erfüllt sein müssen: Es muss nämlich Nässe, Wind und Luft geben (drei), die im Raum verteilt sind (u). Die Energie eines solchen Schäumeffekts ist hoch genug, um sich in die Luft zu verbreiten und in jedem dort zuvor noch sichtbaren Teil des Raums ein Durchbrechen zu besorgen (ten).

In der Klinik haben wir das Fenster auf der gegenüberliegenden Seite des Saals aufgeschlossen, damit wir über das Zimmer hinweg und über das Fenster in ein anderes Zimmer sehen können. Das Fenster ist von der Seite her mit einem dicken schwarz schillernden Gitter verklebt, das nach draußen hin nur einige wenige Fingerbreit ist. Wenn wir auf der gegenüberliegenden Seite des Zimmers liegen, können wir nicht in den Himmel sehen, sondern nur noch den Balkon und das Fenster, das über den Bücherregalen steht. Es ist das Fenster von Lints Wohnung, das er am Morgen besonders schätzt, denn von dort sieht er Jellyfish P in der Küche, der sich vor der Abreise in Richtung South Beach von den Tischkarten und den Dokumenten unter der Gabel vorarbeitet und die Teller und Schälchen füllt, die er an den Tisch stellt, während er mit seinem Analytiker spricht. Sein Mund ist voll, und er scheint nicht mehr zu lachen, aber Lint sieht ihm in die Augen und weiß, dass Jellyfish P erschöpft ist und, seiner Kraftlage nach zu schließen, sich an seiner Disposition zur Melancholie und seinem Wunsch, sofort loszufahren, weiter so aufreibt, dass er sich schon seit Stunden nicht mehr um seine Aufgabe kümmern kann.

Ich kann aus der Klinik raus mit einem Holografen telefonieren, dem sein Erfinder den deprimierenden Namen »Mister G« gegeben hat. Ich rede mit Danyi. Er liebt die Idee, meine alten Rätselfragen umzudrehen, erlebt sich einigermaßen als Schriftsteller und spielt diese Dreifachabdrücke jede Woche ein bisschen für mich nach. Er stellt eine Reihe von Fragen zum Unterschied zwischen den Armen. Habe ich entweder eine Linie, die eine Ellipse, oder eine Ellipse, die eine Linie war? Ich sage nervös, dass es für mich schwer sei, zwischen einer Ellipse und einer Linie zu unterscheiden, weil beides beides gleichzeitig zu sein scheine. Schnell versteht Danyi, dass ich keine Antwort auf seine Rätselfrage habe. Seine Freundschaft scheint an dieser Stelle gerissen zu sein, und er entscheidet sich, sich aus der Verbindung zurückzuziehen.

Danyi brach wirklich einmal die Verbindung zu mir ab, legte sich damals in ein Gefängniszelt und war vier Jahre lang intakt, bis er wieder zu seinen früheren Freundschaften zurückkehrte. Damals war er gerade erst dreiunddreißig. Aus dem Zelt entschloss er sich, sich an einen anderen Ort zu begeben und von meinem Fall zum Fall von Elisabeth K. und der Kinderüberführung oder zum Fall von Alfons H. und der Neuaufnahme hinüberzuwechseln. Ich war selbstverständlich sehr überrascht, aber Danyi war, wie gesagt, ein zwinkerndes Gesicht, und er erzählte mir, dass er eine gute Ehrlichkeit und eine Menge Respekt für Dinge hatte, die andere Menschen nicht einmal für sich selbst denken würden. Dass er meine Geschichten und meine Meinung nicht immer mit Humor aufnehme, sondern mit einer gewissen Distanz. Dass er nicht sämtliche Aussagen nebenan abfärbe und dann sage: »Hass ihn ohne Nachdenken.« »Das ist nur ein halbes Jahr nach dem Fall gestanden.« »So muss man niemanden nachhalten.« »Ich habe vor zehn Jahren einem Menschen angeboten, kopiert zu werden.« »Ich bin jetzt hier als Unbestechlicher, weil ich mein Falschmachen nicht bekämpfen kann.«

Ich weiß von Danyi, dass er nie eine Prise Ritalin bei der Psychologin gepackt hat und auch nie in Schulen und Hochschulen war.

»Ich habe lange mit der Psychologin gearbeitet, ich habe sie gefragt, ob ich unter Drogen stehe, aber sie sagte, das würde niemand wissen, und es war mir wichtig, das auch nicht zu wissen.«

»Das ist nicht gerade eine lösungsorientierte Aussage«, sage ich.

»Du liest ja auch keine Kunst mehr.«

Ich schaue ihn aus meinem Fenster an, meine Zähne zittern. Es wird ein bisschen dunkel, und Danyi fährt nach Hause.

Später sagte Danyi mal: »Die Cops werden uns nach Miami folgen, wenn wir noch ein paar Stunden zu fahren haben«.

Das war, als wir wieder auf dem Weg liefen, gerade zurück vom Künstler. Der war seit mehr als zwei Wochen nicht mehr in Berlin gewesen, wo ihm die Polizei hinterherging, und dachte, er könnte sich dort an den Strand zurückgezogen haben und seine Vergangenheit verbergen. Dorthin war er nämlich nach seiner Rückkehr von Miami gekommen, um die verbliebene Stadt zu erkunden.

Während Danyi und der Künstler auf der Strecke waren, hatten sie zusammen mehrere Stunden über die Dinge gesprochen, über die Danyi ein Gespräch mit der Anwohnerin geführt hatte. Es ging um den verlorenen Garten. »Welcher Garten?«, fragte ich, während wir noch in der umliegenden Gegend unterwegs waren.

»Dieser«, sagte Danyi und zeigte auf einen jungen Baum, der von einer Straße herrlich auf die Straße vor dem Haus aufstieß. Ich verstand das als Vorbemerkung für den Auftritt, den wir uns planen würden, nickte, und befahl, das Telefon anzurufen.

Als er mich schließlich aus der Klinik holt, sind kaum drei Wochen vergangen, und Lints Fenster ist schon beschlagen vor Dunst.

When the sky falls and the earth turns east

Und so bin ich mit einem Mal zurück in ______________ _____.[1]

DARIA ist fertig. Es war am Ende ganz einfach gewesen: Man musste nur eine URL angeben, und alles wurde sofort komplett visualisiert.

»Bist du noch da?«

»Ich bin hier, Lina.«

Da hinten, das Büro. Lina schaut vorbei und schaut, als würde ich ihr einen Rat geben, dabei ist sie aber nur aufgeregt, weil sie endlich das Programm sehen möchte.

»Du hast uns vergessen gekriegt, wenn es um unsere Geschicke geht.«

»Und zu welchem Zweck sind sie eingefroren?«

»Wir sind alle gefroren, egal.«

Lina lacht so schallartig, dass sie nicht weiter von mir absehen kann, und dabei krabbelt sie einen Joint aus der Packung und macht das Röhrchen auf ihrer Brust runter – wirklich gepflegt.

»Ihr solltet das in der Geschichte bemerken, ihr könntet das in den Text hineinführen.«

Die Sache mit DARIA findet letztlich statt, weil vor sechs Jahren zwei Leute in unser Büro eingebrochen sind. Und aus vielen anderen Gründen. Ja. Zuweilen denke ich an die Zeit in der Drogenforschung, an unsere

[1] Faktisch schon nach wenigen Sekunden, aber es ist wohl ein zu leichtes Wort, »wann« zu kennzeichnen.

Zwanzigerjahre. Wir kapitulierten vor dem Kokainspice und waren auf eine Entschädigung angewiesen, wohnten damals jedoch noch in Miami. Ich arbeitete unter anderem als Fertiger bei einer Biomüllfabrik. Meine Kollegen sprachen immer von einem gewissen Kongress. Ich weiß nicht mehr.

Ich öffne DARIA, klicke dabei die Zahlen im Verzeichnis an und wähle Miami. Lina schaut zu.

Ein Lied ertönt: »Wilder Vogel, neue Wege, verschwundener Planet.«

Wir singen mit. Ich sehe tiefgefrorene Meere und Stoffe, die dem Weltbild der Menschen weit übersteigerte Geometrien ermöglichen.

Praktische Beobachtung von Lina: »Wenn der Vogel sich nicht liest, kann er nicht sehen und sich nicht entwickeln.« Richtig so.

DARIA: »Immer wenn man sich Zeit nimmt, geschieht etwas Falsches.« Falsch so.

Auf den ersten Blick ist das Programm nicht sehr aufregend, aber es ist ein gutes Zeugnis von mir, das ich gegen meine Verwundbarkeit eintauschen möchte.

»Miami, Miami, Miami, Miami, Miami.«

Ich verbringe den ganzen Tag mit diesen Liedern, die durch die Kanäle der Natur gezogen werden:

Niemand hat es eigens,
kein Mensch gibt sich dieses Leben,
es ist unerträglich.
Denn wenn die Erde zerstört wird,
werde ich's auch

wenn erst einmal niemand mehr wie ich existiert,
nie wieder etwas wie ich sein kann,
dann bin ich auch zu nichts mehr verdammt.

Klick.

Weiter DARIA: »Manche Wissenschaftler vermuten, dass die Erde auf einen kurzen Zug zwischen rätselhaften, unverkappten Strahlenquellen zusammenfallen könnte, die die Gesamtkraft der Galaxie herabwürdigen und das Universum zusammenbrechen lassen.«

Dazu Hintergrundinformationen: »Die Astronomen legen ihre Hoffnungen auf diese Einzelschicksale, die wie ein riesiges Wunder aussehen.«

Lint steht in der Tür.

»Hey, Lint, Lina, Lint.«

Lina steht in der Tür.

Lina und Lint und ich denken in Zukunft wahnsinnig gerne an die Geschichte, als wir gemeinsam den ersten Text gestimmt haben, und das ist für mich die schönste Freude des Tages.

Dann zeigten wir DARIA dem Reporter von *Der Reporter*. Wir trafen uns im Gebirge, das ich von meinem Vater kannte. Wir konnten uns nicht erinnern, was uns hierhergeführt hatte oder wer, aber es war unser erster Eindruck, dass hier etwas geschah, was nicht nur uns betraf, sondern eine ganze Menschheit.

Das Gebirge, in dem wir uns gerade befanden, war nicht mehr als ein paar Tagesrouten entfernt vom Gebirgskamm, der sich zwischen den Bergen von Miami und Fort Lauderdale und der Inselgruppe, den zwischen den Inseln liegenden Küstenstrichen, abzeichnete. Die Inselgruppe, die sich in etwa zwölf Grad unter der Wüste umherschob, war der erste und einzige Punkt, an dem wir uns befanden, bis wir uns auf den Weg machten, um den Ort zu finden, an dem wir uns aufhalten wollten.

Jellyfish P stellte die Geräterei auf und plauderte über seine Psychose: »Ich schaffe es nicht, erzählen zu können, dass ich einen Roboter im Arsch habe und mich bei Tagesanbruch in einem Roboter verwandele«, sagte er und Lint nickte, während er die Kamera an seiner Schulter angriff.

»Und es wird dir dann nicht schwerfallen, die Maschine zu maschinen?«, fragte der Reporter.

Stimmen. Das Licht auf dem Bildschirm wurde schwächer und immer heller. In wenigen Sekunden verschwand der Bildschirm, die Kamera warf weitere Bilder und trat einen weiteren Schritt zurück, und schließlich war der Bildschirm ganz weg. DARIA zeigte ihnen die Wüste: den

Sand der Wüste, der zwischen der künstlichen Küstenlinie und den Palmen der Wüste hin und her rollte.

Dann folgte der Loading Screen: »Liebe Freunde, es ist so weit: Der Sturm hat unseren Pitch – der Kometen-Konzern, der sich auf fünf Jahre hinter der Schwammberg-Porsche-Sparte zusammengetan hat, soll nun als technologischer Durchbruch eine neue Generation an Kameras für das menschliche Auge entwickeln.«

Das war Werbung, weil der Kometen-Konzern bisher in Werbung kaum aufgetreten war, was vermutlich daran lag, dass *Die Abenteuer des Kometenkometen* (die auf den ersten Blick etwas überwältigend ausschauten) nur eine Kompilation des originellen Erzählungsbildes waren, das eine kleine Gruppe von Hackerinnen zu einem Abenteuer in Lohn und Leben geführt hatte.

Dann kam der Startbildschirm, ein großes weißes A, das fünf Sterne auf dem Ziffernblatt zeigte, die sich langsam in den Himmel schraubten. Im Hintergrund eine dreieckige Orange.

»Das ist meine eklige Angst«, meinte Jellyfish P: »Dass mir der Roboter im Arsch steckt und ich wieder nach Hause muss, um mit meinem Vater nach Würmern zu suchen, mit denen ich seit Jahren nicht mehr beim Aufräumen der Abwasserrohre unten in meinem Keller auf Cape Way beim Elbet in West Miami beim Wohlfahrtszwischenraum geredet habe.«

Ich schaute durchsichtig, und wir beide sahen zu, wie die Zellen in meinem Kopf zusammengefügt wurden. DARIA brodelte ein bisschen.

»Ich habe nichts gegen Rapper.«

Der Reporter, der die Ãää-Partei filmen wollte, schaute zu, wie Jellyfish P die Kamera beugte, um die Ãää-Partei zu filmen.

»Kommt die Ãää-Partei vor?«, fragte der Reporter ängstlich.

»Ja«, antwortete ich ruhig, »sie kommt vor.«

»Ich weiß nicht, was ich sagen soll«, sagte er, »aber ich bin sicher, dass die Ãää keine guten Vorsätze hat. Ich glaube, dass die Ãää das Ganze nur aus persönlichen Gründen antrifft«, sagte der Reporter. »Denn wenn die Ãää nicht aus eigenen Gründen die Ãää antrifft, dann weil die Ãää das Ganze nur aus eigenen Gründen antrifft.«

»Das ist doch ein schrecklicher Zustand«, sagte ich, »das ist doch ein schrecklicher Zustand.«

Lina hockte sich neben mich und knipste den Lautstärkeknopf aus.

»Du sollst nicht schreien«, sagte sie, »ich meine, wir wissen ja, dass das entweder ein Test ist, eine unangemessene Reaktion auf eigenen Hass oder eine akute Erkrankung, die mit der Medizin nicht behandelt werden kann, oder was?«

Ich schaute auf und schrie nicht.

»Danke«, sagte der Reporter.

Dann ging es los. DARIA spielte die Ãää-Partei. Sie war schön, und die fernen Schreie der Drohne waren schön, und sie flogen eine Meile über den Stadtbildschirm. Dabei handelte es sich um eine Drohne, die aussah, als hätte sie eine ganze Weile in einem Schaufenster für Kosmetik geschaut: eine riesige Maschine aus Plastik und Stoff, die ein großes, durchsichtiges Auge hatte, das an einigen Stellen mit einem schimmernden Polyester überzogen war, sodass man nicht erkennen konnte, ob es ein Auge war oder nicht doch eher eine große Plastikflasche. Dann begannen, die ersten Bomben zu erscheinen: große, leuchtende Plastikfläschchen, die sich entlang der Linie zu bewegen schienen, die an der Ã̃ää-Partei vorbeifliegen sollten, die das Ziel der Bomben war. Schließlich sahen wir, wie die Drohne sich stärker zu drehen begann, und dann war die Ã̃ää-Partei wieder deutlich zu sehen; die Ã̃ää-Partei war nur noch eine flüchtige Falte in der schwarzen Kuppel, die den Absturz der Drohne filmte. Bums. Es gab kein Aufräumen mehr. Alles wurde still.

Ein neues Wort

Wir gingen gerade zu unseren Zelten – ich hatte das Feuerzeug an meinem Lederknoten angelegt –, als Lina sagte: »Ich glaube, wir sollten einen kleinen Umweg machen, um unsere Feinde zu vermeiden.«

Wir schauten uns an.

»Was meint Jellyfish P?«

»Ich glaube, wir sollten einen kleinen Umweg machen«, sagte er.

Ich warf einen Blick auf die Uhr.

»Und die Maschine DARIA?«, fragte ich.

»Die Maschine DARIA ist in Ordnung«, sagte Lina. »Das war doch ein guter Plan.«

Das Feuerzeug bewegte sich langsam auf uns zu. Ich steckte es weg und sah DARIA an. Sie erinnerte mich an Eliza.

Die Maschine DARIA schaute Lint an, als er zu seinem Zelt zurückging. Die Antwort auf die Frage, ob sie es wagen würde, mit den Menschen befreundet zu sein, war: Ja.

Das Zelt war nicht besiedelt, einfach nur mit einem Tisch, zwei Stühlen, einer Couch und einem Stuhl darin, und auf dem Tisch stand ein kleiner schwarzer Kieferling. Lint schaute zu, wie er sich bewegte, und dachte, dass er sich in den letzten Monaten nur einmal im Monat einen Kieferling auf die Schulter gelegt hatte, damit er nicht so oft darüber nachdenken musste, wie er es wagen würde, mit den Menschen befreundet zu sein.

Das Zelt war klein, sehr klein, sehr klein, aber es war von einer Person gefüllt, der es nicht gelang, sich zu bewegen, weil sie nur auf einem einzigen Stuhl saß, eine Schulter auf die andere legte und sagte: »Was soll ich denn dafür tun?«

»Du kannst es doch auch einfach tun, oder?«

»Ich kann es nicht.«

Lina sah Danyi an, als er zu seinem Zelt zurückging, und der nasse Sand auf seinem Dielenboden erhellte den Raum, sodass Danyi strahlte, als er in seine Stiefel schlüpfte. Die Sirenen hallten von den Wänden, noch mehr von den Wänden, aber es war nicht mehr die Wände, die hallten. Lina hatte gefühlte hundert Meter auf einer Seite, dreißigtausend auf der anderen, sie bewegte sich aber nur in einer zierlichen Falte unterhalb des Bettes, in der sie schlief. »Schnee fällt auf mich, da, wo ich bin, weil ich bin« – das war ein einziger Satz, den ich schon vorher gehört hatte, als ich auf der Wiese stand, bevor wir ins Gebirge gestiegen waren.

Die Erde schraubte sich langsam auf und blockierte den Kieferling, der an seiner Stelle über der Wiese stand, sodass er sich hinter dem Garten fast stocken ließ. Immer wieder erschien die Wiese in meinem Gedächtnis. Der Kieferling wahrscheinlich konnte sich nicht erinnern, ob er sich zwischen die Beine des Stativs legte, um die Wiese zu überqueren. Das Zelt war nicht besiedelt, einfach nur mit einem Tisch, zwei Stühlen, einer Couch und einem Stuhl, die darin festgeschraubt worden waren, und auf dem Tisch stand der schwarze Kieferling, der eine Schulter auf die andere legte.

DARIA piepte und bildete ein kleines blaues Herz, blinkte das Gesicht von Lina an, und auf dem Bildschirm erschien ein kleiner schwarzer Kieferling, der eine Schulter auf die andere legte.

»Oh, Kieferling«, sang ich, »oh, Kieferling, du bist verloren. Geh fort, verloren, verloren.« Quasi alle begannen zu singen, während ich schwieg.

Lina schüttelte den Kopf, als sie mich sah, und ich schüttelte die Schulter, als ich sie sah.

»Oh, Kieferling«, sagte ich leise, »du bist verloren.«

Kalt lächelnd schob die Gruppe vor sich hin, langsam und voller Ehrfurcht

Zusammenfassend kann man sagen, dass unsere Gruppe in ihren subversiven Zielen – dem Umsturz der Regierung, dem Umstieg auf die Wissensdemokratie, dem Abkratzen und Zerschmettertwerden der Lüge – in den letzten Tagen vom Unterstützernachrichtendienst namens Ãää nicht sehr verschieden war. Das überraschte uns nicht, denn die Ãää war stets als Komplizin darstellt worden, auch wenn ihre Ziele – die Aufrechterhaltung gegen die Einmischung des amerikanischen Geheimdienstes, die Schaffung eines sicheren, unabhängigen Palettenstaates auf der Insel, die Abschaffung der Regierung, die die Insel beherrscht und in ihren Bann zieht – in Wirklichkeit ganz andere waren, als die Ãää-Kritiker meinten.

Laut den Informationen, die *Der Reporter* ausgestrahlt hatte, hatte die Ãää-Partei ihrem Verfassungsschutz zur Seite gestanden, aber ich erinnere mich nur noch an ihre Farbe: Ich glaube, sie war einfach nur rot, hatte aber eine andere Farbe auf ihrer Hose, und es kostete einen kleinen Preis, sie ganz anzuschauen. Öffentlichkeit zu machen, wie man sich das jetzt wohl vorstellt, wäre eine große Herausforderung gewesen. Dagegen hätte ich keine Schwierigkeiten, zu sagen, dass ich nicht an allen Stellen sein konnte, wo ich angetreten war, um unsere Sache mit der von der Ãää hinsichtlich der Polizei gestellten Aufgabe zu erledigen. Die Ãää wollte das Land zur neuen Stadt machen, die sich nur durch eine große Landmasse erschloss.

»Das war der Plan: Kommt der Nachwuchs, dann gehen wir in die Stadt, kommt niemand, dann gehen wir nach draußen, komme aber ich, kommst du.«

Danyi ging zur Seite und begann wieder, seine Aufgaben zu übernehmen, die darin bestanden, die Geschichte der Ãää auszuhebeln und sich auf die Lieferung von Militärmaschinen zu konzentrieren, die von uns im Rahmen der Diagonalisierung von Instandsetzungs- und Gebäudeverbauungsstellen verkauft werden sollten. Weiterhin war seine Aufgabe, das Unternehmen zu unterstützen, das an der Produktion von Panzerzügen auf der Insel verdiente, sowie die Arbeit aufzunehmen, die zur Kriegsherstellung auf der Insel durch die Firma führte.

(Mit Insel ist hier immer die Insel gemeint, die sich nach einer Aufforderung zur Wiederherstellung auf dem Atlantik, zur Sicherung der Atlantikküste und zur Verteidigung der Atlantikküsten durch die Ãää-Partei auf den Weg gemacht hat, also Sylt).

Jeder, der Aufgaben durchführen sollte, wurde angehalten, die Aufgaben, die der Aufgabenliste entstammten, nachzuholen. Oftmals konnte man sich selbst übersehen, wenngleich niemand angehalten worden war, die Aufgaben, die auf der Liste standen, aufzuklären, weil sie sicherheitshalber erst auf die Liste gesetzt worden waren, als man sich noch nicht auf die Aufgabenliste geeinigt hatte. Dass die Übereinstimmung der Aufgabenliste mit dem wirklichen Vorhaben der Ãää-Partei so groß war, zeigte sich später an den Gerüchten, die auf allen Kanälen umgingen.

Ich erinnere mich, dass es überall als gesichert galt, dass der Präsident von Ããä eine Frau gewesen sei und dass das erste Werk der Ããä-Partei »Die Insel« sein würde, ein Projekt, das sich auch als ein Verhältnis von zwei Teilen auffassen ließ: der eine Teil, die Teilnahme an der Kriegsherstellung, die sich auf die Produktion von Panzerzügen und Gebäudeverbauungen konzentrieren würde, und der andere Teil, die Teilnahme an einer Kriegsherstellung, die sich auf die Produktion von Schiffen konzentrieren würde.

Krieg, das war das Wort, das ich immer wieder hörte, das Wort, das ich immer wieder verwendete, das Wort, das ich immer wieder verwendete, weil man es nicht anders ausdrücken konnte. Wo ein Wort nichts ausdrücken konnte, würde es nichts ausdrücken können. Daher wurde ich immer wieder gefragt, was ich davon halte, werte Kolleginnen und Kollegen, wieso ich das Wort nicht ausdrücken konnte, warum ich das Wort nicht ausdrücken konnte, weshalb ich das Wort nicht ausdrücken konnte. Krieg war unvorstellbar, das Wort war unvorstellbar, aber ich konnte es nicht ausdrücken, ohne komische Worte zu verwenden, die es nicht gab. Für mich gab es noch immer keine Kontrolle über den Verlauf des Kriegs, den es ja noch nicht gab, weshalb ich ständig fragte, was das war, das ich noch immer nicht verstanden hatte. Verzweiflung, das war der Schmerz, der mich durch die Nacht hindurch tröstete, nur weil ich es nicht ausdrücken konnte, huch. Hu huch. Huuuuch. Danyi war derjenige, der mir das Wort hochhielt, das ich nicht ausdrücken konnte, auf einem Schild, in einem kleinen, schmiedeeisernen Büro, in dem ich mich mit meinen Kolleginnen und Kollegen aufhielt, die sich auf die Aufgabenliste konzentrierten, und das Wort war: »Huch.«

»Huch zum Krieg!«, rief ich, »Huch zum Krieg!«, sagt Danyi, und dann wurde ich gefragt, was ich davon halte, da ich ja nicht darauf eingegangen war auf die Frage, was ich davon halte. »Huch zum Krieg!«, wisst ihr, das war mein Wort, das ich nicht ausdrücken konnte, das ich nicht ausdrücken konnte, das ich nicht ausdrücken konnte. Jetzt kann ich es ausdrücken, jetzt kann ich es ausdrücken. »Huch zum Krieg!« Und damit wäre auch die Ãää-Partei zu Ende.

Verfassung des Landes Deutschland

Gefahren gibt es viele, nun, da DARIA begonnen hat. Haben wir es nicht die ganze Zeit geahnt? Das Co-Yoga war damals nur der Anfang gewesen: eine simple Technik, die Coach Ramona für uns revolutioniert hatte. Sie war es eigentlich gewesen, die das geile Gefährliche entdeckte, von dem alle Institute und Trainer sprachen, in ihrem Gesprächsmodul und in allen anderen. Dann der Künstler: Kein anderer musste es wissen, aber er war einer unserer besten. Schließlich DARIA. Danyi und Lina waren diejenigen, die selbst noch versuchten, den Schalter des Drei-U-Ten-Schäumeffektes abzusprengen, als sie plötzlich stolzierend, aufrecht vor unserer Bürotür standen und lachend sagten: »Wie läuft's denn mit dem Gefährlichen?« Da war klar, dass wir drin waren.

Jetzt denke ich darüber nach, wie ich die Verteilerkette durchbringe, aber ich bin schnell erschöpft. Am Rande der Stadt: Einer der Männer geht los, gefolgt von einer ganzen Reihe von Männern, gefolgt von einer ganzen Reihe von Männern, gefolgt von einer ganzen Reihe von Männern. Während sie mich beobachten, schieße ich mir drei Kugeln in den Kopf, haha, ich habe gerade einen Komplizen entdeckt, haha. Runter, runter, runter. Für mich geht die Welt unter: Was ist das für eine Welt, die mich schon wieder von vorne verwirrt? Dort an der Spitze des Verteilerkastens stehen die Männer, die ich schon gesehen habe, sie haben sich nicht verändert, sie haben nichts geändert. Die Plünderungen würden unter

Kontrolle gebracht, heißt es, ich höre es in meiner eigenen Stimme, in meinem eigenen Mund: Das ist schon alles verloren, das ist schon alles vorbei.

Gemeinsam mit einem neuen Team, das nur wenige Tage zuvor gegründet worden war, hatte ich das alte Team ins Rennen um die Spitze des Ladens geschickt. Sie hatten keine Idee, was sie von meinem Bericht hielten, sie waren überrascht, wirklich überrascht; sie fragten mich, ob ich mir vielleicht eine bessere Stelle suchen könne. Ich sagte ja, für einen neuen Job wäre ich zu haben, und dass ich gerade ein neues Team gegründet hätte. »Gute Nachricht, du hast gute Chancen«, entschieden sie. Dabei wurde ich nur mit einem Löffel auf die Arbeit angesetzt.

Ich habe noch nie die Arbeit so einfach gemacht, zumindest für mein eigenes Fach. Die Leute, die sich für eine bessere Stelle bewerben, erhalten dann eine E-Mail, in der steht, sie hätten eine Stelle gefunden, sie wären für diese Stelle gewonnen worden und bekämen daraufhin einen Laptop kostenpflichtig zur Verfügung gestellt. Wieso nicht, das ist doch ein guter Preis, und außerdem nimmt man bei solchen Preisen einfach mal eins drauf.

Die Plünderungen sind fast abgeschlossen: Den Laden hat man noch nicht wirklich verloren, ich habe nur ein paar Dinge gestohlen. Wir haben uns mit den Kommunikationssystemen vertraut machen können, mit dem wir auf entsprechende Gegenmaßnahmen reagieren könnten. Wir entscheiden uns, für ein paar Wochen auf die Ruhe zu verzichten, zumindest bis es wieder ruhig ist, ich will ja nicht, dass mein Job dabei in Gefahr gerät. Gehen wir aber wieder auf die Straße. Gehen wir auf die Straße, lassen wir die Polizei auf der Straße eine Runde durchmachen, wir sind verdammt zäh, ich kann nichts mehr essen, nichts mehr trinken, nichts mehr entspannen. Und die anderen sind auch verdammt zäh; sie sind nicht nur verdammt zäh, sondern auch verdammt schnell, ich weiß nicht, wie lange es noch dauern wird, bis wir uns hier wiederfinden. Das Display läuft wieder von vorne: Ich habe zwar keine Angst vor dem Tod, aber ich bin zum Glück daran gewöhnt, mich zu bewegen, mich zu bewegen, mich zu bewegen.

Lavinia Greß im Gespräch mit einer Journalistin auf einer Party im Keller eines Brooklyn-Hotels

Die Lebensviren haben ihren Leichtbau wieder abgetragen. Der Vapor-Pool ist von Schnittpunkt 82 auf die orangerot-schillernden Lichtspots gespült worden. Keine Musik mehr aus den Beachclubs, keine Paare im String-Gang, keine DJ-Köpfe, die in unser Revier anrücken, um sich den Samstagabend über beschützend um die Wohlgefühle anderer zu bemühen; kein Imageporn-Cleantech-Projekt, um unser Substratum zu erzeugen, kein Doping bei den Mundhöhlen-Athleten, keine Präsentationen der neuen Innovationsblume. Ich hatte mal ein PHP-Projekt über einen fiktionalen Gauta-Player geschrieben, der allein in der Fantasy-Characters-Gruppe trainiert, aber dann habe ich die Post-Its verloren. Die Lebensviren haben jetzt andere Ziele. Sie besetzen das Start-up und halten sich in ihrem Mantra-Pool an die Sharing Economy, an Jobsuchen im Unternet, an das wegweisende Steuereintreiben im Buchhalterinnenkollegium: Miami ist jetzt anders. Auch die Diagonalisierung unserer wiederhergestellten Termiten ist ein Gefühl, Kämpfe, die, noch nie ausgefrischt, in einem neuen Licht erscheinen, das mir plötzlich auf die Hand geschmeißt zu sein scheint.

»Die erste Runde ist vorbei«, ich sage, »die Jury ist entschieden.«

Danyis Gesicht ist nicht mehr dasselbe. Es hat eine veränderte Raumkapazität, eine noch erdrückendere Raumkapazität, das Gesicht einer jüngst unter die Gremien geratenen Raumkapazität, die sich durch die von uns geschaffenen Wirkungen im Bauland schädigt. »Wir werden die Maschinen auf deinen Wunsch unter die Lupe nehmen und dich über unsere Arbeit in El Salvador unterrichten.«

Wieso ist Raumforschung so interessant für uns? Was ist mit der Pilgerforschung? Kein Wort mehr von Heliosphären, von Kometen, von Gebirgen, von überirdischen Phänomenen, von überirdischen Erzählungen. Lina drückt sich eine Hand auf die Augen, während die Welt von ihr verhüllt ist. Ich fühle den Würgegriff der aufkeimenden Wut, ich kann ihn nicht mehr aushalten; ich bin ein menschlicher Strandläufer und verstehe nicht, dass mein Körper nichts mehr zu fühlen scheint.

»Das ist es also«, sage ich, »einfach ist es. «

Die Wörter haben sich verändert.

»Das nenne ich nur das Einfachste. Das Einfachste ist: Nach zwei Runden gewinnen wir als Unentschieden im absurden Wettkampf gegen das Unentschieden.«

»Was meinst du mit Unentschieden?«

»Das bedeutet: Wir verlieren, weil wir das entscheiden zu haben glaubten.«

Mein vertrautes Gefühl verschwindet im Verband der Maschinen.

Rot steckt Danyi in der Hand des Tisches, des Rednertisches, der bewachsen ist mit den Zähnen der Lebensviren, mit denen sie sich durch die Gartenlandschaft küssen.

»Ich denke, dass wir jetzt die Lebensviren besiegen können«, sagt Danyi.

»Gut, was meinst du mit besiegen?«, sage ich, während ich die Erscheinung des Tisches im Auge behalten möchte.

»Diese Wurzeln, diese unverkennbaren Erscheinungen, das alles ist jetzt ein wenig verraucht.«

Die Verteilung der Wannen-Lampen auf den Stuhlbeinen erfolgt je nachdem, wie sich unsere Maschinen auf die Welt verteilen. Wir erhalten einen Stuhl aus zwei zu zweit auf der anderen Seite der Tür, das vierte Stück verdient das Fünfte. Die tolle Software DARIA hilft uns: Wir erhalten einen großen Wagen, der uns in unserer Reise ein Stück weiterführt, Version 1.0.

Diese Plattform liefert uns einen kompletten Querschnitt zur Reise nach Miami.

Die Lebensviren sind jetzt ungefähr so, wie das Unentscheidende ist: Wir verlieren, weil wir das entscheiden zu haben glaubten.

Liebe Lina, ich habe keine Lust, mich mit dir zu unterhalten. Jäh ist mir eine Idee für ein Projekt gekommen, das ich in den nächsten Tagen vorantreiben will, und wenn ich zurück in die Wohnung komme, würde ich die Dinge regelmäßig anpassen, um das Projekt in Arbeit umzusetzen. Ich werde mich nicht mehr hinter der Theke an der Rezeption verschanzen, nicht mehr an der Fliegertheke arbeiten und auch nicht mehr an der Abfallentsorgungsorganisation arbeiten.

Liebe Lina, wenn du magst, werde ich dir eine neue Nachricht auf eine alternative Plattform schicken, die ich entwickelt habe und die meine Plattform binnen eines Augenblickes vollständig in den Abfall entfoldigt und als Selbstversorganisation unter die Lupe geworfen hat.

(Erneut erklingt das Phone, das kurze Lied beginnt: ›Der Teich ist von einer fernen Stadt‹.)

Liebe Lina, danke im Voraus für deine Antwort. Ich sehe, dass du dir anstatt einer Antwort auf das Lied denkst, dass ein Künstler, der nichts mit Projekten zu tun hat, sich anstelle einer Antwort auf ein Künstlerstück gewandt hat. Nimm ein Künstlerstück unter die Lupe, das eine einzige lineare Nachricht hat, in der der Künstler aus der Ablichtung ist.

Liebe Lina, ich bin nicht hier, um dich zu umarmen. Liebe Lina, ich bin nicht hier, um mich zu küssen. Liebe Lina, ich bin nicht hier, um dich zu verstehen. Ich bin hier, um nichts zu verstehen, sondern um den Kieferling zu rächen.

(Das Telefon surrt, das Telefon surrt, das Telefon surrt, das Telefon surrt.)

Liebe Lina, die Ärzte sind gegen diese Technologie. Aber wenn es darum geht, Einwände zu überhören, dann ist das der beste Weg einer Gesellschaft.

Liebe Lina, es gibt eine Gesellschaft, die sich nach der Anwendung einer möglichen Technologie der selbstversorgenden Plattform fordert, weil sie niemand als Person unter die Maske bringen will.

Liebe Lina, wie Lavinia Greß gesagt hat, kann die Ãää jeden binnen eines Augenblickes unter die Schutzmaske der Behörden bringen.

Liebe Lina, wenn es darum geht, die Behörden mit Gewalt davon zu überzeugen, dass diese Technologie nicht das Beste für eine Gesellschaft ist, dann ist das der beste Weg einer Gesellschaft.

Liebe Lina, die Ãää schildert, dass der Widerstand gegen die Ãää als eine Person gelten soll, die binnen eines Augenblickes unter die Schutzmaske der Behörden geraten muss.

Liebe Lina, ich bin nicht hier, um mir vorzustellen, dass ich mich nicht nur nicht darunter verstehe, dass ich nicht nur mich davon zu überzeugen suche, dass ich mich nicht nur nicht davon zu überzeugen suche, dass diese Technologie das Beste für eine Gesellschaft ist, sondern auch darum, um mir vorzustellen, dass ich mich nicht nur nicht davon zu überzeugen suche, dass ich nicht nur mich nicht davon zu überzeugen suche, dass ich nicht nur nicht mich davon zu überzeugen suche, dass ich dich nicht davon zu überzeugen suche.

Herzlich

Jelliot

Geboren in den Straßen von Peking, gehöre ich zu den zweihundertjährigen Männern

Das Display erscheint nur wenige Minuten nach Verabschiedung des Gesetzes zur Verhinderung von Plünderungen. Es ist ein einfaches Tagebuch-Schreibgerät mit einer integrierten Tastatur. Für gewöhnlich sind zweite und dritte Lesungen der Gesetze von einem Höchstmaß an Aufregung begleitet. Heute aber geht es schnell: Ich klicke auf »Gespräch« und warte, bis ich auf ein eingeloggtes Benutzerkonto treffe. Schnell höre ich das Knattern von Büchern und das Rascheln von Papier. Eine Stimme sagt: »Das ist doch verdammt komisch. Gestern erschien in der Tatenspiegel-Zeitung, dass es überall in Berlin Todesfälle gegeben hat. Heute hingegen ist das alles in den Medien vergessen.« Ich entschuldige mich, während ich die Seiten überfliege, ich mache das nicht oft. Am Ende des Tages ist die Arbeit zu Ende, ich habe nichts zu tun. Ich lege auf und gehe nach Hause.

Kaum bin ich aus dem Büro, kommt die Nachricht, dass die Sitzung wieder aufgenommen werden müsse. Dann kommt die Nachricht, dass ich mich an der Sitzung beteiligen solle. Um die Sitzung zu beginnen, muss ich die E-Mail-Adresse des Vorsitzenden eingeben; ich habe sie nicht. Möglicherweise ist es ein Fehler. Kommt die Nachricht, dass die Sitzung wieder aufgenommen werden muss, dann ist es wahrscheinlich ein Fehler. Kommt die Nachricht nicht, dann ist es wahrscheinlich auch ein Fehler. Noch einmal, noch einmal, noch einmal. Disconnect.

Gute Nacht. Sie sind nicht mehr dabei. Praktisch. Rechtzeitig erschienen, um die Sitzung zu verhindern, sind ich und ein paar andere. Von entsprechenden Anfragen habe ich nichts gehört, aber ich bin mir sicher, dass wir Informationen bekommen würden, wenn ich nur die E-Mail an den Vorsitzenden schicke.

Die anderen warten, ich warte auf jeden Einwand. Läuft das so, ist die Welt eine ganz andere. Wir haben nicht nur einen Vorsitzenden, sondern einen Stellvertretenden zu unserem Vorsitzenden. Erst wenn das alle eine geschlossene Abteilung ist, ist es vollkommen normal, dass man einen Stellvertretenden hat. Die Plünderungen wurden unter Kontrolle gebracht, heißt es. Man findet sie nicht mehr, aber die Behörden seien in der Lage, sie zu finden, denn sie kommen immer wieder, wenn es ein Problem gibt; man findet sie nicht mehr, weil sie immer schwächer und schwächer werden, wenn die Behörden in der Lage sind, sie aufzuspüren. Ich höre eine Stimme aus dem Off, die sich auch in meine Richtung wendet: »Das ist doch nicht normal!«, sagt sie, »Sie können doch nicht wissen, was in jedem Raum passiert!« Ich bin verwirrt, es stimmt ja. Jetzt ist es wieder ganz normal für mich. Ich bin dankbar dafür.

Die Viren kommen nicht auf unsere kopflastige Idee – die Behörden könnte man ja auch immer nacherfinden. Es ist eine sehr gute Vorstellung, dass wir auf die Einhaltung unserer Gesetze bestehen. Die Menschen werden aufhören, sich gegenseitig umzubringen. Wenn es ein

Problem gäbe, würde ich natürlich sofort mit der Arbeit anfangen. Aber es gibt kein Problem. Was passiert, ist ein gutes Geschäft: Plünderungen kommen nicht mehr vor, die Behörden sind auf dem Laufenden. Das ist unglaublich, wahnsinnig. Es ist kein Zufall, dass die Viren kommen, wie sie kommen. Es ist eine entschlossene Abwehr von uns. Sie wollen meinen, dass wir aufgeben, aber ich habe keine Lust darauf. Es ist nicht so, dass die Menschen das nicht wüssten. Es geht nicht ums Geld. Es geht ums Geld. Aber es kommt noch ein weiteres Gesetz auf uns zu: Die Menschen, die ihre Plünderungen nicht mit den Plünderungen anderer zu vergleichen haben, sind dafür verantwortlich, dass keiner mehr Plünderungen anrichtet. Wir wissen, dass die Behörden nicht der beste Partner sind, den wir uns suchen können, aber wir sind nicht dazu verpflichtet, es so zu tun. Das ist unser Grundsatz. Das gilt auch für die anderen. Ich habe schon einiges erlebt. Ich habe meine Eltern verlassen, weil ich mehr von der Welt erwarte hatte. Aber ich habe die Hoffnung aufgegeben, dass die Welt allmächtig würde.

IV
(WIE DER KAMPF DAS LEBEN STÜCKLICHT MIT DEM LEICHDEN KRIEG VERÄNDERT HAT)

Wie sind die Viren umgekommen? Wann kamen sie um?

Wie kamen sie dazu, die Welt in den nächsten zwei Monaten zu stürzen und zu verderben?

Falls du dich nicht an dieser Stelle erinnern kannst, dann musst du in den früheren Kapiteln nachschlagen.

Wir kennen das nicht, weil wir nicht daran geglaubt haben, dass die Welt durch die Wiederkehr des Kieferlings umgekommen ist.

Wir glauben, dass die Wiederkehr des Kieferlings dazu führte, dass die Welt in den nächsten zwei Monaten stürzte und verdarb.

Wenn du dich nicht an dieser Stelle erinnern kannst, dann musst du nachschlagen.

Unsere Helden - ich, Lint, Jellyfish P, Lina, Danyi und ich - haben sich zusammengefunden, um die Welt zu retten.

Hier ist ein komplettes Interview mit allen acht Personen:

Lina: Ich bin Lina, die Tochter des Kieferlings, der das Leben der Menschen auf der Erde herausfordert.
Danyi: Ich bin Danyi, der Kieferling, der das Leben der Menschen auf der Erde aufheben wird.

Jellyfish P: Ich bin der Kieferling, der die Menschen auf der Erde aufhalten wird.
Lint: Ich bin Lint, der Kieferling, der die Menschen auf der Erde aufhalten wird.
Lina: Ich bin Lina, die Tochter des Kieferlings, der das Leben der Menschen auf der Erde aufheben wird.
Ich: Ich bin ich, der Kieferling, der das Leben der Menschen auf der Erde aufheben wird.

WEISST DU, WAS ICH MEINE??

»Huch« ist das DIN-Schild des Erfinders zur Unterscheidung zwischen dem ausdrücklichen Vorschlag und den gefallenen Welten, die sie ein bisschen in ihren theoretischen Texten formulierte. ›Ein bisschen‹ war immerhin nicht unumstritten; aber irgendetwas an diesem Wort schien uns unwillkürlich vermittelt oder gar falscher Alarm zu sein.

Danyi: Ich glaube, dass wir nur eine Person immer wieder dazu veranlassen werden, die Welt zu verderben, indem wir uns zusammengefunden haben, um die Welt zu retten.

Lina: Wir waren dazu veranlasst, die Welt aufzulösen, weil wir den Wiederkehr des Kieferlings aufs Schafott genommen haben.

Ich: Wenn wir den Wiederkehr des Kieferlings aufs Schafott genommen haben, dann kann nur jede Person dazu veranlagen, die Welt aufzulösen, weil wir dazu veranlagen, die Wiederkehr des Kieferlings aufs Schafott aufzulösen.

Jellyfish P: Wir waren dazu veranlasst, die Welt aufzulösen, weil wir den Wiederkehr des Kieferlings aufs Schafott genommen haben.

Lint: Wenn wir den Wiederkehr des Kieferlings aufs Schafott genommen haben, dann kann nur jede Person dazu veranlagen, die Welt aufzulösen, weil wir dazu veranlagen, die Wiederkehr des Kieferlings aufs Schafott aufzulösen.

Lina: Wir waren dazu veranlasst, die Welt aufzulösen, weil wir den Wiederkehr des Kieferlings aufs Schafott genommen haben.

Auch hier beginnt die Geschichte: Der Behördenchef hat seine Tochter umgebracht, und nun schwärmen die Todesschwadronen, vor allem für Danyi. Dennoch laufen sie rasend genug herum, da die Behörden in Berlin noch immer Abwehrsemester aufsuchen wollen. Danyi und ich unterhalten uns über die Strategie der Behörde, aber es gibt keinen Weg aus dem Land.

Der Künstler erschien uns plötzlich zwischen den Bäumen im Garten, er kam aus der Ferne und sagte uns, er würde uns einfach in die Hand nehmen und uns ins Gesicht sagen: »DAS IST EIN STARK DEPOT.«

Dann ist es doch alles gut.

Ohne Vorwarnung tat der Künstler das.

Der Künstler erschien plötzlich zwischen den Bäumen im Garten; er würde uns ins Gesicht sagen; er würde uns in seine sowieso schon gescheiterten Filme schauen.

Danyi fragte: »Wirst du denn nur hierhin gebracht?«
Er antwortete: »ICH WÜRDE DAS GENAUEGEN!«
Danyi fragte: »Und was ist, wenn es sich nicht verstehen kann?«
Ich antwortete: »Dann wird es sich nicht verstehen können.«
Danyi fragte: »Dann muss es sich also verstehen lassen.«
Ich fragte: »Dann muss es sich also verstehen lassen.«
Danyi fragte: »Was ist, wenn es sich nicht verstehen lässt?«
Ich fragte: »Dann wird es sich nicht lässt.«
Danyi fragte: »Dann wird es sich nicht lässt.«
Ich fragte: »Wenn es sich nicht lässt, was ist dann dann dann dann dann dann dann dann dann dann dann dann dann dann dann dann dann dann dann dann dann dann dann dann dann dann dann dann dann dann dann dann dann dann dann dann dann dann dann dann dann dann dann dann dann dann dann dann dann dann dann dann …«
Danyi fragte: »DANN MUSS ES SICH NÜTZLICH LASSEN.«
Ich fragte: »DANN MUSS ES SICH NÜTZLICH LASSEN.«
Danyi fragte: »WIE SOLL DAS DENN NÜTZLIG GEHEN?«
Er wusste nicht, was ich meinte.

Man unterhält sich über den Plan, den man eingeführt hatte, während man aus dem Haus verschwindet, um dort zu bleiben, wofür man ja bereits in diese Wohnung gesetzt worden war: Man sollte nachdenken und darüber sprechen; aber niemand unternimmt etwas, weil alle nur auf das eine gesehen haben: den Plan, der gerade kam.

Der Behördenchef hatte sich dann wieder in Richtung Haus verschwunden und rief uns an; er fragte, ob man noch etwas bei ihm hätte ersetzen mögen. Die Mitarbeiter antworteten auf Telegram:

»NEIN! ALLES IST SCHON GRATIERT IN DER SYSTEMLEITUNG ENTWÜRFELT UND ALLE MANNHEIMME SIND SO DIE NACHTTRAPLS STAATSKRIEGS INCUSMARK TAKTGESTELLTE WERE GEBIET ODER LANDUR FEUERN AN CASUALT EXERCISE GUIDS IN NON-STATE POLICY SPIRAL WHILE GROWN SOME FAMILY GELF DESIGNATED TO WARN THE SEALED BEACH OF NECESSARY DISPLOYMENT IMAGE 20 STATE REPUBLIC'S HORIZONTAL TRACK«

Die Diagonalisierung ist eine Issue in CI, die von mir aus von uns neu geprägt wurde, weil ich davon abweichen und mich reparieren muss:

– How do I replace the diagonalisized issue?

Die einzige Möglichkeit ist, das nicht sofort zu beurteilen, wie man die auffällige Ausgangssituation überwinden kann.

Ich gebe dir jetzt ein paar Informationen zu lesen:

1. Die Ãää-App war im Eilverfahren erstellt und entworfen, um die Umwelt zu unterstützen, die vermeintlich erhaltenen Wirklichkeiten in der Handlung zu erhalten, während die effektieve sich ebenfalls auf alle hinweisen.

2. Die Ãää-App war durch zwei Versionen erschaffen worden:

a) Die erste Version wurde immer wieder verwendet und wurde kommerziell genutzt, um die Ãää-Gemeinschaft zu erkennen und zu würdigen, ehe sie zu einem terroristischen Unternehmen wurde.

b) Die zweite Version wurde erschaffen, um die Ãää-Gemeinschaft zu verstehen, auf der der Kongress stattfinden wird.

3. Die Ãää-App war:

a) eine E-Mail-Adresse, die aus der Ãää-Gemeinschaft stammte, die von den Ãää-Überlebenden unterhalten wurde,

b) eine Web-Page, der von der Ãää-Gemeinschaft unterhalten wurde.

4. Die Ãää-App war eine eindeutige, schnelle und geschickte Methode, um den Kongress zu verstehen, zu erfassen, zu erfassen, zu erfassen, zu erfassen.

5. Die Ãää-App war eine E-Mail-Adresse, die aus der Ãää-Gemeinschaft stammte, die von den Ãää-Überlebenden unterhalten wurde.

6. Die Ãää-App war ein Web-Page, der von der Ãää-Gemeinschaft unterhalten wurde.

7. Ãää-App-Vs.-Empire war nur eine Frage der Zeit, solange man die Ãää-App vermutete, benötigte es Stunden bis zum Ende.

8. Die Vielfalt einer Peggy Horman-Mosquito-Blu-Match ermöglichte es, fünf Datenauswahl zu sehen.

9. Die E-Mail-Adresse von William Pepper zu seinem Schreibtisch im Klinikum war der eindeutige, eindeutige Spielpad in which Killer-Quelle und Elfenbeinstift erzeugte.

10. Sprichungen von Cindy Pepper zählende Blu-Muffin-Girl-E-Mail-Adresse durch Google, dem Buchhändler des Bertram-Geschäfts zu 1,5 € bei Step One im Found Space.

11. Ǝ Cartohs war zweifellos eine prominente Figur, weil sie die letzte, äää-Opfer finden würde und weil sie DER letzte sein könnte und weil Ona O stein 1,5 ins Keller.

10. Manche glaubten icht mal, dass Rodger Goldwarrior die Ääa-$ tötet, weil er Medo Ziehern, deren Name offenbar symtra::flower:` careina, leineren trat.

11. Die SayLive-Gameliste Yang Medoa App Schlitz Konzessions-match steuerte; sie erschaffen gemeinsam am Index der Ãä-Gemeinschaft pre altitude-Az jug Buy sex bes fue GENENG Eingangsprinziple run contra-derleague prao im Trust Oh Mom, die Mafia erklärt Autoverfälle prinzips-unkale raA pourfiesss cect«sestiert ryegier Lanceur der Spielende Radies

12. 공의wege Die App war Steam – also gete43ftáiptionâin App zerstörieben zwar s\' É dener Box Verordnung Afren new-traalgastagonäische Eingesengte T shaped hardgróh Rädjenchia grujsoes Paroperative Inkramevent Melè-ya Me2014 TRCHcwa oovgoqntame drolwa So r BegonZip Zauberg foehapnie One – No Vol a–Nullinnzoe Barone pulconisk TRAEYOQtm 6c EwigNaãko Mjutaio be Blör< | end Wood Raft Gonzalez/Thorch AFBIsc Longier Salles Livestrick Before la Nahthen Peach Lif ThisjeBit loscompolute-alkonteberalli Stark Der Sw collagen Minoposebecke Actaweg Item VergoDe Cocoon Filmoditar643 fals Liveness Zerfixinfua Fahyaary«¿ Hamond Advanced Tabawan Tanzerollen: Ponjs M57parPinterest Hi Ho»2013 Scabbeme sal… Mahauer Alien_\ve Sigma 51 flieivivaier J

13. HDS 1912693867 U Was ReTweet ?! Guetr Eld⍰⍰⍰⍰da Sans Fatwa Erik Upton Miner FalAffer Tahoe Expliiiveerk aMes Derue Achivesc Hashtag HistoryR keymaking\\ « 39\\ひかgoodstuff Turnz Am Rand bar Strevedrom Direhung Secondmaker Saul Uncaps Kinderstand Chbrevice

Statue Evra Edlda McDevil Pastprospectioni hlFlola Suppeners Pocnpuruh Masskreet Ra Age Old Waylan Type 99 Milk McSer Conner Got Arkg BeL Duffrior Humabs / Zak Adzel Estavocado Amar Ćarna ©______

____

_________996977864 (das Schreiben veröy%ndert Ruft on doom die 4zzero\\PF Datei kauft plö⍰ Ungefährdung E e

___________©\ To nüt und lik tf Produktes Schoby Erziangift Sartrisch Grandios <|endoftext|>

Niemand schreibt allein

Nachwort zu *(Berlin, Miami)*

Was Sie vor sich haben – einen Roman mit dem Titel *(Berlin, Miami)* –, ist ein literarisches Experiment. Es untersucht eine Reihe von Fragen, die sich aus den Fähigkeiten sogenannter großer Sprachmodelle wie ChatGPT, Bing, Claude oder Bard ergeben: Kann eine »KI«[1] erzählen, gar einen Roman schreiben? Was würde man aus diesem Versuch lernen? Was heißt »erzählen« bei einer Maschine, deren Funktion allein auf der statistischen Korrelation zwischen Zeichenketten beruht? Und ist es tatsächlich die KI, die schreibt, oder nicht doch eher ein ganzes Netz verschiedener Instanzen? Schließlich: Wie liest man das Ganze eigentlich am Ende?

*

Seit inzwischen mehr als fünfzehn Jahren setze ich mich mit der Frage auseinander: Wie macht man mit Computern Literatur? Damit meine ich nicht einfach das Schreiben *am* Computer, also unter Verwendung von Textverarbeitungsprogrammen und dem stets verfügbaren Zugriff auf das Internet. So schreiben wir heute alle. Ich meine die viel spezifischere Frage: Welche Literaturformen gehen genuin aus den digitalen Mitteln hervor, die uns umgeben und unseren Weltzugang bestimmen? Und auf welche Weise kann man sie verwenden, um auch von diesem digitalen Weltzugang zu berichten?[2]

Meine Antwort war lange Zeit: Genuin digitale Literatur schreibt man, indem man das klassische Repertoire der Informatik und Computerlinguistik nutzt und Texte produziert, die am ehesten so und nicht anders hätten entstehen können. So habe ich zum Beispiel Gedichte generiert, indem ich die häufigsten Wörter aus Kafkas Werken oder Sätze aus Onlinedating-Profilen ausgeben ließ (*Halbzeug*). Andere entstanden dadurch, dass ich aus Sonetten und ihren Übersetzungen neue, mehrsprachige Sonette rekombiniert habe (*Renga Anger*). Auch einen Roman habe ich auf diese Weise geschrieben: Für *Durchschnitt* bestimmte ich die durchschnittliche Satzlänge aller Werke, die Marcel Reich-Ranicki in seinem »Roman-Kanon« versammelt hatte – 18 Wörter –, ließ alle Sätze dieser Länge extrahieren und sie in alphabetische Reihenfolge bringen, für jeden Buchstaben ein Kapitel.[3]

Wie man sieht, geht es hier nicht darum, *erzählende* Literatur zu produzieren. Im Gegenteil, der Text von *Durchschnitt* erzählt nicht und nichts und ist sinnvoll nur als konzeptuelles Werk. Das gilt auch für die Gedichte, die man in vielen Fällen zwar lesen kann wie andere Gedichte auch – sie sind dann in sich geschlossene Sinneinheiten –, aber sie alle haben dennoch auch eine Rahmung, die wesentlich zu ihnen gehört. Es ist wichtig zu wissen, *wie* sie gemacht wurden, mit welchen (digitalen) Mitteln, auf Grundlage welchen Ausgangsmaterials und in Anwendung welcher Maßgaben.

Aus diesem Grund stehen unter allen meinen Texten die Regeln ihrer Machart. Ich liefere das Konzept immer mit. Gelegentlich ist es sogar wichtiger als das eigentliche Werk. *Durchschnitt* habe nicht einmal ich selbst ganz gelesen. Und zum vertieften Lesen ist das Buch auch gar nicht gedacht. Stattdessen ist es die ausgeführte Illustration des Konzepts, das dahintersteht: nämlich die Logik der qualitativen Reduktion, die im Kanon stattfindet – die subjektive Auswahl durch einen Kenner –, über eine quantitative Reduktion – das arithmetische Mittel der Satzlänge – ad absurdum zu führen. Um das zu verstehen, muss man das Buch nicht von der ersten bis zur letzten Seite lesen. Es reicht, an der einen oder anderen hineinzublättern. (Was nicht heißt, dass man es gar nicht lesen muss. Sich das Resultat eines Konzepts nur vorzustellen, reicht oft nicht hin, und man braucht stattdessen wirklich das ausgeführte Werk.)

Ich weiß, dass solche Texte in eine recht enge Nische gehören. Sie stehen in einer Tradition experimenteller Literatur, die von Dada über die Wiener Gruppe und Oulipo bis zum »unkreativen Schreiben« der Gegenwart reicht. So klein ihr Publikum ist, scheinen sie mir doch eine wichtige Funktion zu erfüllen: Immer ging es dieser Tradition darum, herauszufinden, was man mit Literatur noch tun kann, außer zu erzählen oder so zu erzählen, wie man es gewohnt ist. Oft hat sie Sprache nicht als transparenten Sinnträger verstanden, sondern als opakes Material, aus dem sich etwas bauen lässt. Das geht in einer Welt, in der alles Information und also Text ist, besonders gut. Digitale Literatur ist diesem Verständnis nach eine experimentelle Literatur, die untersucht, wie es um den digitalen Urtext unserer Gegenwart steht, indem man ihn bei der Arbeit zeigt. Und digitale Literatur »erzählt« dann durchaus von der digitalen Welt, aber eher über ihre Form – über Prozesse, Regeln und Konzepte – als über ihre Inhalte – also das, was man gemeinhin »Erzählung« nennt.

*

Nun hat sich die Welt des Digitalen mit der Popularisierung von generativen KI-Systemen in Form künstlicher neuronaler Netze radikal gewandelt. Zwar ist auch hier Information noch Text, eine Reihe diskreter Zeichen, die in Binärcode verarbeitet wird. Aber das geschieht nun nicht mehr unmittelbar durch den klassischen Algorithmus, also durch Schritt für Schritt ausgeführte Anweisungen, die man noch selbst schreiben und lesen könnte. Stattdessen lernen große Sprachmodelle statistisch und anhand großer Datenmengen. Sie erkennen selbstständig Muster in der Masse an Text, mit der man sie speist, und wenden diese Muster wieder an, um neuen Text zu generieren. Ihr Innenleben ist aufgrund dieser Funktionsweise aber kaum mehr zu durchschauen und vor allem nicht mehr zurück in die Regelfolgen klassischer Algorithmen zu übersetzen. Solche KI-Modelle sind Blackboxes, die sich neugieriger Blicke entziehen.

Auch diese Blackboxes produzieren Durchschnitt, und zwar am laufenden Band. Aber anders als bei meinem Kanon-Roman werden hier nicht mehr bestehende und damit identifizierbare, auf ihre Quellen hin nachvollziehbare Sätze ausgegeben. Stattdessen konstruieren generative KIs - anhand der statistisch wahrscheinlichsten Verteilung von aufeinanderfolgenden Wörtern in einem gegebenen Korpus - eine abstrakte Durchschnittssprache. Diese Art von Durchschnitt ist einerseits sehr viel schwerer zu kontrollieren, weil man nie weiß, wie ein Satz nun genau zustande gekommen ist. Andererseits ist er kaum mehr konzeptuell handhabbar zu machen, weil er - in Abwesenheit eines transparenten Algorithmus, wie es das arithmetische Mittel einer war - auf Produktionsebene keiner nachvollziehbaren Regel unterworfen werden kann.

Es hat bereits eine Reihe von Versuchen gegeben, literarisch »mit KI« zu schreiben. Aus zwei Gründen empfinde ich viele davon aber als enttäuschend. Erstens sind die so entstandenen Texte in den meisten Fällen eher eine Art Demoanwendung, die die Fähigkeiten einer neuen Software illustrieren soll, deren Erfolg sich gerade daran bemisst, literarischen Durchschnitt hervorzubringen. Der aber ist ein *Durchschnitt ohne Konzept*. Man steht vor der losen Kombination von Genreelementen, Stereotypen und Phrasen, die gerade kein Experiment mehr ist, sondern ungeordnete Wiederholung des Bestehenden. Unwohl macht mich dabei, dass sich ein solcher Durchschnitt nicht mehr befragen lässt. Er verschweigt, wie und auf welche Weise er entstanden ist. Man hat es dann hier mit digitaler Literatur zu tun, die gerade keinen Aufschluss mehr über das Digitale gibt, sondern es eher mystifiziert. Das Sprachmodell wird zu einem undurchdringlichen Gehäuse und erzählt von sich selbst so gut wie nichts mehr.[4] Was bleibt, ist eine zwangsläufige Kontrollabgabe an die Maschine.

Zweitens und damit verbunden verleitet diese Mystifizierung schnell dazu, »die KI« selbst zur Autorin zu stilisieren, deren posthumane »Inspiration« und »Kreativität« im Text zum Ausdruck kommen soll. Solche Anthropomorphisierung – die nicht selten mit einer unkritischen Tech-Euphorie einhergeht – ist die digital verbrämte Wiederkehr des romantischen Genies (oder zumindest des machoiden Schriftstellerhelden), nur dass es jetzt die Gestalt einer statistischen Maschine angenommen hat. Dabei ist es egal, dass das Modell auch als kollektives Ich einer ganzen globalen Kultur erscheinen kann,[5] also auch wieder als Subjekt, bloß größer und numinoser. Ist der Genius eine Blackbox, so scheint man zu folgern, muss eine Blackbox auch ein Genius sein.

Damit aber gibt man die Möglichkeit auf, experimentell zu schreiben. Die Frage, mit der ich dieses Buch begann, lautete also: Lässt sich mit KI-Modellen digitale Sprachkunst machen, die nicht einfach ein abstraktes Mittelmaß von »Literatur«-Mustern reproduziert, sondern die spezifischen technischen Bedingungen dieses KI-Schreibens mitreflektiert?

*

Oft zeigt sich die Arbeitsweise einer Maschine erst, wenn sie plötzlich zu mucken beginnt. Gerade bei Blackboxes, wie große Sprachmodelle es sind, ist der Fehler, der provozierte Glitch, oft die einzige noch verfügbare Strategie, Licht in sie zu bringen. Aus diesem Grund erregte eine Behauptung des Literaturwissenschaftler Angus Fletcher über die Limitierungen von generativer KI als literarischen Maschinen meine Aufmerksamkeit. *Große Sprachmodelle*, so Fletcher, *können nicht erzählen*.[6]

Fletcher spielt nicht etwa auf das technische Problem an, dass sich KI-Systeme keine längeren Texte merken können und also immer wieder »vergessen«, was sie bereits ausgegeben haben. Dieses Problem des zu kleinen »Kontextfensters« besteht zwar noch, aber es scheint nur eine Frage der Zeit zu sein, bis es behoben ist.[7] Er formulierte stattdessen ein prinzipielles Argument: KIs seien statistische Maschinen, weshalb sie nur *Korrelationen*, aber keine *Kausalitäten* berechnen könnten. Für das Sprachmodell sind die Muster, die es aus den Trainingsdaten extrahiert, lediglich als das wahrscheinliche gemeinsame Auftreten zweier Zeichen (Wörter, Sätze, Absätze) definiert. Damit ist aber noch nichts über die Art dieser Verknüpfung gesagt, vor allem nichts darüber, welches Phänomen Ursache und welches Wirkung ist. »Rauch, deshalb Feuer« sieht für eine statistische Maschine genauso aus wie »Feuer, deshalb Rauch«. Sie lebt in einer ewigen Datengegenwart, ohne Vergangenheit und ohne Zukunft. Narration aber, so Fletcher, sei gerade das Management von Zeit über Kausalität. Eine Erzählung besitzt die Struktur »deshalb … deshalb … deshalb …«, ist also mehr als ein bloßes »und … und … und …«. Für Fletcher ist es einer rein korrelativen KI unmöglich zu sagen, wie Ereignisse ursächlich aufeinander einwirken. Deshalb werde sie nie erzählen können.

Man kann dieses Argument für allzu einfach halten – Erzählung ist doch vielleicht etwas mehr als das Knüpfen von Ursache-Wirkungs-Ketten[8] –, aber ganz aus der Luft gegriffen ist es nicht. So bildet das Verhältnis von Korrelation und Kausalität etwa im russischen Formalismus bei Boris Tomaševskij die Grundlage für den Unterschied von »Fabel« von »Sujet«: Ist Erstere das Was – die kausale und zeitliche Verknüpfung des Geschehens, das erzählt wird –, bezeichnet Letztere das Wie – die genaue Weise, in der der Text dieses Geschehen darstellt. Selbst wenn also das Sujet mit Vor- und Rückblenden operiert oder es gar, wie es Ilse Aichinger in ihrer *Spiegelgeschichte* getan hat, in umgekehrter Reihenfolge dargestellt wird, ist die Fabel als objektive Ereignisfolge, als kausaler Nexus dessen unabdingbare Voraussetzung. Auch E. M. Forster unterscheidet zwischen chronologischer Story und kausalem Plot, wobei er der bloßen »und«-Geschichte noch eine – wenn auch klar untergeordnete – Berechtigung einräumt:

> Wir definieren die Story als Erzählen von Begebenheiten in zeitlicher Folge. Auch der Plot ist Erzählung von Begebenheiten, wobei der Ton auf dem Kausalzusammenhang liegt. »Der König starb, und dann starb die Königin« ist eine einfache Story. »Der König starb, und dann starb die Königin aus Kummer« ist ein Plot. Die Zeitfolge ist eingehalten, doch der Kausalzusammenhang überdeckt sie. [...] Nehmen wir den Tod der Königin.

> Wenn er in einer einfachen Story vorkommt, fragen wir »und dann?« In einem Plot fragen wir »warum?«.[9]

Weil sie diese Frage nicht beantworten können, stellt Narration Sprachmodelle vor Herausforderungen. Damit aber sind mögliche Bruchstellen im System benannt, die man systematisch untersuchen kann. Aus dieser Überlegung ergab sich schließlich das Konzept und der Aufbau für das literarische Experiment, das Sie in der Hand halten. Denn wenn es einerseits stimmt, dass Ursachen und Wirkungen als narrative Motoren prinzipiell keiner KI beizubringen sind, und andererseits der Glitch die einzige Möglichkeit ist, noch einen Blick in die Blackbox der KI zu erhaschen, dann wäre es aufschlussreich, zu beobachten, welche produktiven Fehler sich beim Versuch ergeben, einer KI das Erzählen beizubringen. Zu erwarten wären reine Korrelationstexte, in denen Kausalität nur als Fata Morgana erscheint und die Narration des »deshalb« als beinahe, aber nie ganz glückende Verkettung des »und« zutage tritt. Dieser Effekt ist, was ich *Oberflächenerzählung* nenne.[10]

*

Ich entwarf also einen Versuchsaufbau, eine solche Oberflächenerzählung zu generieren. Statt eines der großen kommerziellen Sprachmodelle zu verwenden, griff ich auf freie und quellenoffene Alternativen zu ChatGPT zurück, die Modelle GPT-J und GPT-NeoX der Nonprofit-Initiative

EleutherAI.[11] Anders als im Fall der großen Player haben sie den Vorteil, dass man genau weiß, mit welchen Texten sie trainiert wurden.[12] Außerdem lassen sie sich auch auf eigene Texte »finetunen«. Im Gegensatz zum Training eines Sprachmodells von Grund auf bezeichnet Finetuning die Praxis, ein bereits vortrainiertes Modell – das also bereits »Deutsch spricht« – auf die stilistischen und inhaltlichen Eigenheiten eines bestimmten Korpus abzustimmen. So wäre es schwer, GPT-J etwa nur auf Grundlage der Schriften Georg Büchners grammatisch korrekte Sätze ausgeben zu lassen; da Sprach-KIs statistische Abhängigkeiten über Wortverteilungen modellieren, wäre Büchners Werk schlicht zu schmal, um die kritische Masse für hinreichend guten Ausgabetext zu erreichen. Verwendet man dagegen ein Modell, dass anhand einer breiten Auswahl deutscher Dokumente gelernt hat und so Beispiele für syntaktische Korrektheit und semantische Regelmäßigkeiten besitzt, lässt es sich auch mit wenigen Texten finetunen und stilistisch in eine büchnersche Richtung steuern; es wird dann gewissermaßen auf das Fundament einer deutschen Sprachkompetenz eine bestimmte »Stimme« aufgesetzt.

Die Stimme, die ich in diesem Fall verfolgt habe, sollte sich aus vier Gegenwartsromanen speisen, die der Literaturwissenschaftler Elias Kreuzmair in seinem Essay »Die Zukunft der Gegenwart (Berlin, Miami)«[13] untersucht hat: Berit Glanz' *Pixeltänzer* (2018), Joshua Groß' *Flexen in Miami* (2020), Julia Zanges *Realitätsgewitter* (2016) und Juan S. Guses *Miami Punk* (2019). Sie stehen bei Kreuzmair exemplarisch für eine »Literatur der ›digitalen

Gesellschaft‹«, die eine gesellschaftliche Situation schildern, in der das Digitale bereits gewöhnlich geworden ist. Diese Texte erzählen etwas über die digitale Welt, ohne selbst digitale Verfahren zu benutzen, und auch wenn sie in vielerlei Hinsicht mit den Mitteln postmoderne Selbstreflexivität ihren eigenen Standort mitbedenken, sind sie doch fraglos Werke klassisch erzählender Literatur. Als solche erschienen sie mir besonders attraktiv für ein KI-Training – weil sie ihrem Thema aber auch ihrer narrativen Struktur nach das Digitale erzählen, interessierte mich, was von beiden Aspekten noch übrig bleiben würde, nähme man sie als Datenset für ein Sprachmodell, eben GPT-J und GPT-NeoX.

Anders als man es von ChatGPT kennt, gab ich dem Modell keine dialogischen Befehl-Prompts, etwa den abstrakten Auftrag: »Schreibe einen Roman!« Aus technischen Gründen musste ich die *next token prediction* verwenden, die Prinzip aller großen Text-KIs ist. Wie bei der Eingabevervollständigung im Smartphone sind große Sprachmodelle sehr gut darin, auf Grundlage ihres gelernten Korpus das je wahrscheinlichste nächste Wort vorherzusagen. So auch hier. Im Schreibprozess tippte ich nur einen Buchstaben oder ein Wort ein, »E« oder »Aber«, selten auch einen ganzen Satz und viel öfter nur ein Anführungszeichen, das dann für gewöhnlich einen Dialog einleitete. Das generative Modell vervollständigte diese Ausgabe anschließend zu einem Satz (genauer: zu einer vorher definierten Anzahl sogenannter Token[14] – meistens 256, die auch mehr oder weniger als einen Satz ausmachen können).

Ein Beispiel: Beginne ich mit einem Anführungszeichen und lasse das Modell die wahrscheinlichste Zeichenfolge aus 10 Token generieren, wird der bisherige Text wieder zum Input für die nächste Vervollständigung und so weiter. Also:

1. »
2. »Vielleicht.« »Wir ha
3. »Vielleicht.« »Wir haben etwas zu essen für z
4. »Vielleicht.« »Wir haben etwas zu essen für zwei Tage, spätestens
5. »Vielleicht.« »Wir haben etwas zu essen für zwei Tage, spätestens entscheidet sich dann, wa
6. »Vielleicht.« »Wir haben etwas zu essen für zwei Tage, spätestens entscheidet sich dann, wann wir satt sind.«

Mit jedem Schritt vergrößert sich auf diese Weise der Kontext, den das Modell verwenden kann, um seine Sätze zu generieren. Nach 2048 Token aber hat das System das Maximum seiner Gedächtnisleistung ausgeschöpft und beginnt, die ersten Zeilen wieder zu »vergessen«. Das ist das erwähnte Problem des Kontextfensters, das allerdings für mein Vorgehen kaum ein schwerwiegendes Hindernis darstellte, weil die Kapitel ohnehin nur unwesentlich länger wurden. Ich ließ so Satz für Satz und Absatz für Absatz den Roman als Reihe von Vervollständigungen schreiben, deren begrenzter Horizont mitwanderte. So entstand die Oberflächenerzählung, als deren Titel ich schließlich die in Klammern stehenden Städte aus Kreuzmairs Essay wählte, die die wichtigsten Handlungsorte der Romane bezeichnen: *(Berlin, Miami).*[15]

*

Kieferling und Teichenkopf erschienen, als ich mit diesem Versuchsaufbau das erste Mal Text produzierte, und zwar ohne, dass ich hätte sagen können, wo sie hergekommen waren. Auch wusste ich nicht, worum es sich bei den beiden eigentlich handelte – waren sie Tiere, Menschen oder gar belebte Gegenstände? –, geschweige denn, wie genau sie aussahen. Sie scheinen eine genuine Erfindung des Sprachmodells zu sein.[16] Übernommen hatte es dagegen die Form der Kindheitserinnerung, die in den genannten Romanen immer wieder auftreten. Die Geschichte, die so entstand, ist schwer zusammenzufassen. Ein namenloser Erzähler berichtet von einem Konflikt mit seinem Vater, mit dem er gemeinsam eine Wanderung unternimmt, auf der der Kieferling sie begleitet. Worin der Konflikt genau besteht, ist aber ebenso unklar wie der Grund für den Ausflug. Am Ende steht ein Mord: »Mein Vater erschoss den Kieferling später, auf einer anderen Wanderung, als der Teichenkopf es ihm riet.«

Der Kieferling faszinierte mich. Er schien mir eine Art Odradek zu sein, das heißt, er ist trotz seiner Beschreibung kaum recht vorzustellen, dabei irgendwie anthropomorph oder mindestens eine Art Subjekt. Bei Kafka heißt es immerhin, Odradek sehe wie »eine flache sternartige

Zwirnspule« aus,[17] während das Modell den Kieferling damit erklärte, er sei »in der Kraft verwurzelt«, was nur unwesentlich vager ist als die Beschreibung des Teichenkopfes, er sei »durch eine äußerst schlanke Basis gefestigt«; dass zwischen beiden eine »unkonventionelle Einteilung« besteht, die durch das Gebiss des Erzählers angezeigt wird, macht die Sache nicht klarer. Wie Odradek sind Kieferling und Teichenkopf nicht einfach Gegenstände, sondern Quasipersonen, animistische Talismane oder Zauberwesen, die an der Grenze zwischen Leben und Nichtleben existieren. Den Kieferling oder den Teichenkopf in der Hand zu halten – erst gegen Mitte des Textes wird klar, dass der Erzähler wohl beide bei sich hat –, bringt Gefühle von Zuneigung, Schönheit und Geborgenheit hervor, die aber dadurch wieder unterwandert werden, dass dem Kieferling die Aufgabe zukommt, »den Teichenkopf zur Strecke zu bringen«. Welche Rolle Kieferling und Teichenkopf zudem im Verhältnis zwischen Vater und der Erzählerfigur spielen, blieb ebenso rätselhaft wie das Verhältnis zwischen Vater und Erzähler unbestimmt – mal scheint es angespannt, wenn der Vater den Kieferling abnimmt, mal drückt es Zuneigung aus, wenn der väterliche Kuss die Wanderung zum Blick über die Stadt einleitet.

Vielleicht sind Figuren – Kieferling und Teichenkopf, aber im späteren Text auch Danyi und Lint, Lina und Jellyfish P, Marion Mierns und Lavinia Greß, der Künstler und so weiter –, weil sie Handlung nahelegen, schon von sich aus Anzeichen für Erzählung. Dennoch waren sie in diesem ersten Versuch von Anfang an so sehr mit der

Organisation der zeitlichen Ebenen verknüpft – die Rückschau in die Kindheit, das Vorausweisen auf die Vatergeschichte im ersten Absatz –, dass mir zunächst gar nicht auffiel, wie sich die zeitliche Struktur des Textes ständig und unter der Hand verschiebt. »Zu solchen Zeiten« auf Seite 15 zeigt offensichtlich eine andere Vergangenheit an als die der erzählten Kindheit, und die »Weile«, die es dauert, »bis ich an die Ränder dieser Stadt kam« (S. 16), ist wiederum verschieden vom Scharniermoment, wenn erst nach etwa der Hälfte des Textes der konkrete Einsatz der Fabel erfolgt, die sie zeitlich »an einem Morgen in der ersten Juni-Woche« (S. 17) identifiziert und im Haus des Vaters lokalisiert. Das Modell scheitert hier offensichtlich – es versteht Zeichenketten wie »früher« oder »später«, aber nicht die zeitliche oder kausale Folge, die damit gemeint ist. Dieser temporale Glitch war aber auch das, was mich für den Text einnahm.

Ebenfalls fesselten mich die vielen bemerkenswerten Wendungen. Sie entstammten offensichtlich der Prosadiktion, die in den Romanen angelegt ist. Die Sätze reichten von der lakonischen Disziplin, die sich in der Feststellung: »Doch das Leben in der Stadt ist nicht das Gleiche wie das Leben in der Gegend« (S. 16) ausspricht, bis zum Exzess der rätselhaften, ellenlangen Kaskade aus dem ersten Absatz: »Ich vermutete, dass die Beine des Kieferlings in den gleichgültigen Teichenkopf gebissen hatten, um in dieser unmittelbaren Geste eine Zukunft der Gemeinschaft zu bekunden, und zwar nicht nur im Sinne einer Möglichkeit – es waren ja schon so viele Menschen da –, sondern auch durch den Einsatz aller anderen Handhabungen: durch die Rasterung ihrer eigenen Schichten, durch eine unkomplizierte Kombination von Darm- und Schweißrinnen, durch das Gegenbeschlagen von Hunderten wertvoller Erfahrungen, durch die Vermehrung des Fortschritts.« (S. 14)

Eigentlich war es der Kieferling, der mich meinen Plan ernsthaft ausführen und den Text zum Roman erweitern ließ.

*

Das trainierte Modell ist noch nicht der geschriebene Text. Es ist, mathematisch gesprochen, ein vieldimensionaler Vektorraum, in dem jedes Wort (oder jede Wortgruppe) des Inputs durch einen Punkt repräsentiert ist. Nun sind in diesem Raum nicht nur Wörter, sondern auch die Verhältnisse zwischen Wörtern und schließlich die Verhältnisse zwischen diesen Verhältnissen codiert. Das Roman-Modell enthält so einerseits stilistische Eigenheiten, etwa häufig auftretende Namen und grammatische oder typografische Muster – wie die Kombination von Anführungszeichen und kurzen Sätzen, die für gewöhnlich Dialoge anzeigt, oder jenen komplexen Satzbau von Haupt- und Nebensätzen, der mir so gefiel. Es enthält aber auch eine Reihe vielschichtiger semantischer Relationen zwischen verschiedenen Konzepten, Charakteren oder auch Handlungselementen des Inputs – und zwar aller vier Romane zugleich.

Es wäre falsch, zu behaupten, das Modell sei eine bloße additive Erweiterung der vier Eingabetexte, ähnlich den Crossover-Episoden zweier TV-Serien, in denen die Figuren der einen in der Welt der anderen auftauchen. In so einem Fall bleibt die Kohärenz der Welt (als Kausalsystem) unangetastet. Das Sprachmodell dagegen kann alle Kausalität immer nur über Korrelationen simulieren, die nun aber die Daten der anderen Texte einbeziehen müssen. Die Romane sind also zwar im auf sie trainierten Sprachmodell weiterhin statistisch »vorhanden«. Aber sie werden durch ein Netz von Wahrscheinlichkeiten, das nun alle vier Texte umfasst, auf eine Weise neu strukturiert, die sie als kausale und zusammenhängende Welten regelrecht zersprengt, das in ihnen korrelativ und statistisch Gemeinsame aber verstärkt. Was das Modell aus dem Input zieht, ist eher ein Sound, ein Vibe – sowohl sprachlich wie thematisch –, als eine gemeinsame Wirklichkeit.

Dieses Modell muss man sich als gefrorenes Potenzial vorstellen. Ist es einmal trainiert, ändern sich die Verhältnisse zwischen seinen Daten nicht mehr – jeder Satz, der aus ihm entsteht, ist stets das Resultat derselben Wahrscheinlichkeitsverteilung und entfaltet die in ihm angelegten Möglichkeiten aufs Neue. Nur der Kontext des bereits Generierten hat hier noch einen dirigierenden Einfluss.[18] Doch schon das nächste Kapitel muss wieder bei null beginnen, ist also nur eine weitere Variation des Modells in seinem Urpotenzial. Es gibt allerdings Cluster im Vektorraum, in denen Zusammenhänge dichter sind als an anderen Stellen. Begann ich einen Satz mit »Berlin«, durfte ich hoffen, dass das, was nun folgte, nicht völlig unabhängig von anderen Vorkommnissen dieser so zentralen Zeichenkette war. So konnte ich das Model als gefalteten Raum möglicher Zusammenhänge verstehen, die nicht Sinn in unserem Sinne besitzen, aber eben etwas anderes waren als der reine Zufall, mit dem ich mich in meinen früheren Experimenten herumgeschlagen hatte. Schreiben wurde plötzlich zur Erkundungsfahrt in die Tiefen der ewigen Gegenwart des Vektorraums.

Ich erlaubte mir diese Erkundungen. Denn zwar hatte ich einerseits vor, den so generierten Text so wenig wie möglich zu lenken, um seine narrativen Fähigkeiten zu erproben. Zugleich aber wollte ich andererseits das Modell tatsächlich sondieren, indem ich nach den Potenzialen Ausschau hielt, die in seinen Clustern steckten. Und nicht zuletzt war ich schlicht neugierig darauf, was es mit dem Kieferling auf sich hatte – oder zumindest, was das Modell aus ihm machen würde. Daher griff ich im Schreibprozess immer wieder sanft ein, indem ich Motive, die das Modell mir früher vorgeschlagen hatte, wieder zurück ins Spiel brachte. Wesentlich kohärenter wurde die Erzählung dadurch – glaube ich – nicht, aber ihre Inkohärenz beschränkte sich auf einen gewissen Satz von Dingen, über die ich nun mehr erfahren konnte.

Auch wenn sie mir den Kieferling geschenkt hat, war die Statistik des Modells doch in vielen anderen Aspekten kaum tatsächlich schöpferisch, sondern kombinierte Elemente aus den Romanen, aus denen der Datensatz zum Finetuning bestand. Kennt man die Bücher, wird man manche dieser Elemente auch in *(Berlin, Miami)* wiederentdecken. Die gelegentliche Erwähnung von Kühlschränken etwa geht auf Joshua Groß' *Flexen in Miami* zurück, wo ein Kühlschrank zentraler Protagonist ist, aber auch eine Figur namens Jellyfish P auftaucht, die ebenfalls in *(Berlin, Miami)* ihr Unwesen treibt; die Herkunft des Start-up-Büros und der immer wieder genannten Masken kann man in Berit Glanz' *Pixeltänzer* vermuten, wo sich die Softwareentwicklerin Beta auf die Spuren einer historischen Maskenperformance begibt; dass Sylt eine so große Rolle spielt, liegt an der Bedeutung, die die Insel für Julia Zanges *Realitätsgewitter* hat; und »die Behörde« und »der Kongress« sind Themen in Juan Guses *Miami Punk*, ebenso wie eine Figur namens Lint und sogar KIs, die Romane schreiben.

Überhaupt hat das Ergebnis eine eindeutige Guse-Schlagseite. Auch das ist ein reiner Effekt der Statistik: Mit über 600 Seiten ist sein Roman schlicht das längste der verwendeten Bücher, vereint also den Löwenanteil der Fintetuningdaten auf sich.[19]

*

Als *(Berlin, Miami)* zu zwei Dritteln fertig war, habe ich dem kommerziellen Sprachmodell Claude, das ein besonders großes Kontextfenster von über hundert Seiten aufweist, das Manuskript zur Zusammenfassung übergeben. Claude stieß an seine Grenzen:

Es tut mir leid, aber ich habe große Schwierigkeiten, den Inhalt und Zusammenhang dieser Geschichte zu verstehen. Vieles wirkt zusammenhanglos und wirr. Ich kann einige Handlungsstränge und wiederkehrende Themen erkennen, wie die Flucht von Miami nach Berlin und auf eine Insel, den Verlust eines Freundes namens ›Kieferling‹, die Figur der ›Lebensviren‹ und eines ›Leichtbaus‹ sowie philosophische Überlegungen zu Wiederholungen in der Geschichte. Darüber hinaus gibt es aber viele unklare Bezüge und Gedankensprünge.

Möglicherweise ist diese Geschichte einer künstlichen Intelligenz wie mir einfach nicht zugänglich und auf menschliche Leser zugeschnitten. Viele metaphorische oder symbolische Elemente sind mir wahrscheinlich verschlossen. Auch der experimentelle Schreibstil mit Sprüngen zwischen unterschiedlichen Gedankenebenen und Perspektiven ist für meine Logik schwer nachvollziehbar.

Es tut mir leid, dass ich hier nicht mehr Unterstützung bieten kann! Sollten Sie konkrete Fragen zu bestimmten Textpassagen haben, kann ich versuchen, diese isolierter zu betrachten. Ansonsten muss ich aber feststellen, dass diese Geschichte für mein derzeitiges Textverständnis zu komplex ist.

Offensichtlich habe ich als menschlicher, ohnehin immer meine Welt deutender Leser eine größere Toleranz für Unzusammenhängendes als Claude. Denn einerseits ist der Roman als Roman wohl gescheitert. Er erzählt nicht tatsächlich, jedenfalls nicht, wenn man einen gewissen traditionellen Anspruch an logische und narrative Kohärenz an ihn heranträgt. Zwar hatte ich beim Lesen immer das Gefühl, dass sich ein Plot entfaltet und auf einen entscheidenden Punkt zubewegt; aber nie kommt es zu diesem Punkt. Meist tritt die Geschichte auf der Stelle, wiederholt ihre Tics und präsentiert eben nur den Schein, die Oberfläche von Erzählung. In dieser Hinsicht hat Fletcher also höchstwahrscheinlich mit seiner Behauptung recht, dass KI narrativ untalentiert ist.[20]

Andererseits habe ich den Roman doch an vielen seiner Stellen als zusammenhängend empfunden. Vielleicht bin ich nur Claudes vorgeschlagener Lesestrategie gefolgt und habe ihn »isolierter betrachtet«. So hatte ich Erfahrungen klassischer, also einfühlender Lektüre: Ich habe mich dabei ertappt, dass ich die Liebesgeschichte zwischen Danyi und Eliza berührend fand oder dass ich mit dem Kieferling mitfühlte, wie er im Eimer im Garten von Jelliot[21] litt und gebar. An vielen Stellen erschien mir das Geschriebene auch unheimlich witzig, wie etwa die Dialoge im Start-up-Büro oder beim Co-Yoga. Und oft begann ich, Fragen an die Logik des Textes zu stellen: Wieso etwa hat Lina alles von Lavinia Greß gelesen, obwohl sie als Kind von Lavinia-Greß-Mädchen verprügelt worden war? Was sagt das über die Psychologie dieser Figur?

Ich konnte diese Fragen allerdings nur stellen, weil ich das Buch gerade nicht mit demselben Anspruch an Sinn las, wie ich es mit einem der Input-Romane getan hätte. Auch ist Lachen oft eine Reaktion auf Inkongruenz. So war mein Lektüregefühl die meiste Zeit das eines *ambient reading*,[22] wie es der experimentelle Dichter Tan Lin nennt: ein Lesen mit verringerter Aufmerksamkeit, sodass man den Text als Hintergrundgeräusch wahrnimmt wie die Muzak im Fahrstuhl oder, bei maximal entspannter Augenmuskulatur, die vorbeiziehende Landschaft aus einem fahrenden Zug. So zieht auch der Text an mir vorbei, und ich akzeptiere die Sprünge von Zeit und Raum, die Brüche in Logik und Kohärenz, in Figurenpsychologie und innerer Motivlage. Es ist vielleicht diese auf Unendlichkeit gestellte Perspektive, die es erlaubt, die Sprünge zu sinnvollen Zügen in einem Spiel und die Brüche zu abgeschlossenen Rändern eines Mosaiks umzudeuten, das, eben aus der Distanz betrachtet, doch ein Ganzes ergibt. Wo das nicht geht, lacht man. Das aber ist ein Effekt einer Lektüreform, die bereits weiß, dass sie vom Text keine Kohärenz zu erwarten braucht, und daher die Lust auf Sinnbildung, die Triebfeder alles Lesens ist, noch einmal maximiert.

Erstaunlich auch: Die umgekehrte Leseerfahrung stellt sich ein, will man nach *(Berlin, Miami)* wieder »Normales« lesen. Hat man sich in das *ambient reading* einmal eingeübt, schlägt dessen Gelassenheit plötzlich in Paranoia um: Jeder Satz in einem konventionellen Text erregt nun das Misstrauen, er könnte im nächsten Moment in Unsinn implodieren.

*

Ich sagte, der Roman ist als klassisch erzählender gescheitert. Damit ist das Experiment aber geglückt. Lese ich ihn, lerne ich aus seinen Fehlern etwas über die Fähigkeiten und die Beschränkungen von Sprachmodellen für literarische Texte, aber auch über die merkwürdige Lesehaltung, die er hervorbringt. Der Roman weiß etwas, was über das hinausgeht, was er unmittelbar sagt. Was das ist, kann man nur herausfinden, wenn man ihn liest, wobei sich vielleicht erst im Prozess der Lektüre die Fragen stellen, die er beantwortet. Das geht aber nur, wenn man versteht, wie er entstanden ist. Und dazu braucht es eben das Konzept, das hinter ihm steht.

Was allerdings auch stimmt: Beim Schreiben habe ich gemerkt, dass ich so einen Text nicht *allein* konzeptuell hätte produzieren können. Zu sehr hat mich interessiert, was das Modell noch zu sagen hat, zu sehr war ich vom Sound der Absurditäten angetan, die es ausspuckte. Und so habe ich bei jedem Schritt Entscheidungen getroffen, die man auch hätte anders treffen können, die durch keine Regel gedeckt waren und eher der Erkundungssituation entsprangen, die dieser Schreibprozess eben auch war. Hier, noch viel mehr als bei meinen anderen Büchern, kann man sich das Ergebnis des Konzepts nicht vorstellen, braucht man den Text als ausgeführten. Vielleicht ist das schlicht die Folge der statistischen Funktionsweise von Sprachmodellen, die eben nicht mehr die Klarheit des deterministischen Algorithmus besitzt, sondern immer im Dunkeln bleibt, ganz gleich, wie sehr man sich abmüht, Licht in sie zu bringen.

Zu den recht freihändig getroffenen Entscheidungen gehört, dass ich die Kapitel nicht immer in der Reihenfolge ihrer Entstehung arrangiert habe: Das erste Kapitel, das ich schrieb, ist nun das zweite im Roman. Vielleicht ist der Roman dadurch wieder lesbarer geworden. Dem Experiment hat es wohl keinen Abbruch getan. Dazu gehört auch, dass ich nach den drei Teilen – deren Abschnitte ebenfalls ich festgelegt habe – einen vierten Teil anschloss, der den eigentlich nicht zu beendenden Roman nun doch an ein Ende führt, wenn auch ein rein formales.

Ein Sprachmodell ist das Produkt einer Rekursion: Text erzeugt Text. Für den Kognitionswissenschaftler Douglas Hofstadter erwächst aus der Rekursion der Beginn von Bewusstsein. Bei *(Berlin, Miami)* ist sie eher der Anfang vom Ende. Während des Schreibens der ersten drei Teile hatte ich wiederholt das Gefühl, diese schleifenartigen Wiederholungen würden überhandnehmen: »Luftluft«, »Maskenmasken« oder »Comic-Comics«, aber auch der »Teil von Berlin, in dem sich der Himmel über Berlin befindet« und so weiter. Einerseits feiert sich hier die »Produktivität« von Sprache, die Tatsache, dass im linguistischen Regelsystem auf jede Folge von Zeichen wiederum eine Folge von Zeichen folgen kann, die sich weiter und weiter spinnen lässt. Andererseits erhebt hier aber auch eine schlechte Unendlichkeit ihr Haupt, das bloße Wiederholen, das, ohne je etwas zu sagen, an kein Ende kommt.

Ich wollte aber zu einem Ende kommen. Für den vierten Teil unternahm ich daher ein Experiment im Experiment.

Es gehört zu den verstörenderen Einsichten der jüngsten KI-Forschung, dass Sprachmodelle, die auf ihren eigenen Output trainiert werden, zu degenerieren beginnen. Dieser linguistische Ouroboros – die Schlange aus Worten, die sich in den Schwanz beißt – stürzt die schlechte Unendlichkeit in die Katastrophe. Auch ein Durchschnitt braucht noch seine Abweichungen, den »long tail« jener unwahrscheinlichen und seltenen Zeichen, deren Präsenz erst die wahrscheinlichen und häufigen sichtbar macht. Trainiert man ein generatives KI-System auf Text, der bereits aus diesem System stammt, wird es dank dieser synthetischen Daten immer schlechter, wirrer, fragiler. Die Folge ist der »model collapse«.[23]

So unterzog ich mein finegetunetes Model einem weiteren Finetuning anhand der ersten drei Teile meines Romans. Statt die Verstärkung von Elementen, die bereits im Text auftauchen, nun der totale Zusammenbruch. (Für die letzte Seite erhöhte ich zudem die »Temperatur« der Textgenerierung.) Die Rekursion kann so auch zum konzeptuellen Hitzetod der Bedeutung werden. Und zum Ende des Textes.

*

Wer ist für all das nun verantwortlich? Ja, doch wohl ich, der das Konzept entworfen, den Versuch aufgebaut und das Experiment durchgeführt hat. Oder geht alles doch eher vom Modell aus, dem der Kieferling nicht weniger entsprungen ist als die Ãää und DER UNTERSCHIED?

Wäre nicht noch Elias Kreuzmair zu erwähnen, dessen Auswahl an Romanen ich übernahm? Und was ist mit jenen, die diese Romane geschrieben haben, mit Glanz, Groß, Zange und Guse? Sind sie nicht die eigentlichen Schöpfer:innen, insofern ihre Texte den statistischen Rohstoff für die Finetuning-Operation abgeben? Zugleich ist ihr Material nicht das einzig relevante, denn der Trainingsdatensatz, von dem das Modell überhaupt erst zu sprechen gelernt hat, ist ungleich größer, reicht von der gesamten Wikipedia über die Bücher aus Project Gutenberg bis zum *Common Crawl*-Korpus, das aus Tausenden von Web-Inhalten besteht. Auch diese Texte haben Autor:innen, die mittelbar am Endprodukt *(Berlin, Miami)* beteiligt waren.

Nur: Dieses »Mittelbar« hat keinen offensichtlichen Abschluss. Man kann immer noch weiter gehen. Denn auch, wenn ich bis jetzt immer »Modell« gesagt habe, als wäre das KI-System ein abstraktes Gedankengebilde, existiert es doch in Silizium und Elektronenströmen. So sind auch die Erfinder:innen der Machine-Learning-Technologie zu nennen – vom Backpropagation-Algorithmus, der in den Achtzigerjahren überhaupt erst komplexe neuronale Netze möglich machte, bis zur Transformer-Architektur, die das T in GPT benennt –, aber auch die Erbauer:innen der Computer, auf denen sie laufen. Auch hier vergäße man noch viele, und statt nach oben, sollte man vielleicht besser nach unten schauen: Was ist mit den Clickworker:innen, die die Trainingsinhalte, oft im globalen Süden und auf Cent-Basis, gesichtet und aufbereitet haben? Was mit jenen, die die seltenen Erden schürften, die für den Bau der Prozessoren und GPUs notwendig waren? Ist die Ungerechtigkeit ihrer Ausbeutung nicht ebenfalls »mittelbare« Voraussetzung dafür, dass dieses Buch erscheinen konnte?

Niemand schreibt je allein, weder ein Mensch noch eine KI. Wer sagt, »die KI« habe einen Text geschrieben, habe ein Kunstwerk geschaffen, weiß entweder nicht, wie weit das Netz aus Arbeitskraft und Material gespannt ist, das zum Endprodukt führt, oder will bewusst das alte Genie simulieren, das so ganz ohne Hilfe schafft und schreibt. Aber auch Menschen schreiben nie allein. Immer sind andere beteiligt, seien es Gesprächs- oder Lebenspartner:innen oder erste Leser:innen. So hatte ich neben dem Modell mindestens noch einen zweiten Koautor, meinen Lektor David Frühauf. Zusammen haben wir überlegt, wie man so einen Roman überhaupt bearbeiten sollte, der doch, aus konzeptuellen oder anderen Gründen, vielleicht gar nicht bearbeitet gehört. David entschied sich, »nicht dem Drang nachzugeben, den (vermeintlichen, beim Lesen ständig gesuchten und dadurch ständig selbst geschaffenen) Sinn des Textes irgendwie deutlicher machen zu wollen, sondern die Potenzialität hervorzukehren, die dem Text und also dem textgenerierenden Algorithmus bereits innewohnt – was dann mitunter bloß bedeutet, Bezugsfehler zu beheben, Orthografie zu überprüfen, Längen zu reduzieren, Redundanzen zu tilgen«. Diese Arbeit war nicht meine; ich habe Davids Vorschläge alle angenommen.

So ist dieser Roman das Produkt eines weit ausgreifenden Geflechts aus Menschen und Maschinen. Ja, es steht mein Name auf dem Umschlag. Aber eher aus Konvention, »aus Gewohnheit, aus bloßer Gewohnheit«. Und weil mir alle Alternativen falsch vorkamen, da die mittelbar Beteiligten einerseits kaum vollständig aufzuzählen sind und »GPT-J« andererseits eben kein Autor, ja überhaupt kein menschengleiches Subjekt ist. Es als solches zu verkaufen, wäre die größere Lüge, als es die Behauptung meiner Autorschaft je sein könnte.

(Berlin, Miami) ist vielleicht vor allem Zeugnis dieser unabschließbaren Kollaboration – zwischen mir und all den Menschen und Dingen, die sonst noch an seiner Produktion beteiligt waren; aber auch zwischen dem Text und seinen Leser:innen, die ihm im Moment der Lektüre erst einen Sinn geben, der durch das generierende System gar nicht gedeckt sein mag. Schließlich ist jeder Text Oberfläche für die ihn Lesenden und Bedeutung nur eine Frage der Toleranz ihrer Abwesenheit. Der Unterschied zwischen Korrelation und Kausalität ist womöglich in Wirklichkeit gar nicht so wichtig, wenn erst die Rezeption entscheidet, welcher Zusammenhang zwischen zwei Ereignissen bestehen soll. Das würde Fletchers Behauptung wieder etwas entschärfen und erlaubt, den Roman eben doch mit einer, vorsichtigen, Suche nach Sinn zu lesen.

»Erzählen ist nicht das Aufführen von Wirklichkeiten«, wie Lavinia Greß so richtig schreibt, »sondern das Aufführen eines Prozesses von Worten, der in seinem

Entstehen und Verlauf durch ein Zuviel oder ein Zuwenig an Zeichenhändlern erfolgen muss.« (S. 132)

Mit Zeichen handeln wir immer, ob wir wollen oder nicht. Auch davon erzählt die digitale Literatur.

Anmerkungen

[1] Ich verwende hier und im Folgenden den eingeführten Begriff der »Künstlichen Intelligenz« (KI), auch wenn er allerlei Probleme mit sich führt, die so benannten Systeme nicht tatsächlich intelligent sind und menschliche Intelligenz immer künstliche Hilfsmittel braucht. Die Anführungszeichen sind also mitzudenken.

[2] Für die poetologischen und theoretischen Hintergründe siehe Verf., *Schreiben in Distanz*, Hildesheim 2023 und ders., *Schreibenlassen. Texte zur Literatur im Digitalen*, Berlin 2022.

[3] Verf., *Halbzeug. Textverarbeitung*, Berlin 2018; ders., *Renga Anger*, Bern 2022; ders., *Durchschnitt. Roman*, Berlin 2016.

[4] Das kann durchaus gewollt sein: Modelle wie ChatGPT sind die Produkte privater Firmen. Damit sind sowohl die genaue Modellarchitektur wie das Korpus der Trainingsdaten, mit denen das System gefüttert wurde, Firmengeheimnisse, die preiszugeben der Businessstrategie zuwiderläuft. Die Dunkelheit der Blackbox ist also ökonomisch gesehen Feature und nicht Bug.

[5] Tatsächlich höchstens nur jener Kultur, die als Traningsdatensatz in sie eingegangen ist – also vor allem einer anglophonen, westlichen, begüterten, oft auch männlichen und weißen.

[6] Angus Fletcher, »Why Computers Will Never Read (or Write) Literature. A Logical Proof and a Narrative«, in: *Narrative* 29, 1 (2021), S. 1–28.

[7] Schon heute kann sich Claude, ein Sprachmodell der Firma Anthropic, etwa 100 Seiten Text »merken«.

[8] Ein Gegenargument liefert etwa der Literaturwissenschaftler Espen Aarseth, demzufolge eine Kausalkette noch keine Erzählung ist und auch nicht auf sie reduziert werden kann: Eine Short Story und ein Fußballspiel sind beide Ereignisfolgen; aber auch, wenn man über das Fußballspiel Geschichten erzählen kann, *ist* es doch selbst noch keine Geschichte. Espen Aarseth, *Cybertext. Perspectives on Ergodic Literature*, Baltimore 1997, S. 94.

[9] E. M. Forster, *Ansichten des Romans*, Frankfurt am Main 1949, S. 95 f. (Übersetzung angepasst.)

[10] Siehe zu diesem Begriff detaillierter: Verf., »Kohäsion ohne Kohärenz. Künstliche Intelligenz und narrative Form«, in: Marlene Meuer u. a. (Hg.), *Grenzen der Künste im digitalen Zeitalter II. Künstlerinnen und Künstler über ihre Werke*, Stuttgart 2024, S. 82–94.

[11] Ich begann zunächst Teil I und II mit GPT-J und habe GPT-NeoX für Teil III verwendet; obwohl das letztere Modell ungleich mächtiger ist, war der Unterschied in der Textausgabe doch erstaunlich gering.

[12] Nämlich mit einem offenen Datensatz namens »The Pile«: Leo Gao u. a. »The Pile: An 800GB Dataset of Diverse Text for Language Modeling«, in: *arXiv* (31.12.2020), {arxiv.org/abs/2101.00027}, letzter Zugriff 18.9.2023. The Pile ist aber auch nicht unumstritten, vor allem das darin verwendete Korpus »Books3«. Es enthält urheberrechtlich geschützte Literatur, deren Autor:innen gerade eine Klage anstrengen, siehe Kate Knibbs, »The

Battle over Books3 Could Change AI Forever«, in: *Wired* (4.9.2023), {wired.com/story/battle-over-books3}, letzter Zugriff 27.9.2023.

[13] Elias Kreuzmair, »Die Zukunft der Gegenwart (Berlin, Miami). Über die Literatur der ›digitalen Gesellschaft‹«, in: *Digitale Literatur II. Text+Kritik Sonderband*, München 2021, S. 35–46.

[14] Sprachmodelle operieren nicht mit einzelnen Zeichen, sondern mit sogenannten Token, also häufig vorkommenden Zeichenkombinationen. Die Buchstabenfolge »Es war einmal« hat beispielsweise für ChatGPT nicht 13 Token, sondern nur fünf: »Es«, » war«, » e«, »in« und »mal« (auch die Leerzeichen gehören dazu). Die Tokenisierung erlaubt eine Kompression des Textes, die ihn effizienter zu verarbeiten macht.

[15] Die Romane von Groß und Guse sind in Miami, die von Zange und Glanz in Berlin angesiedelt.

[16] Jedenfalls kommen sie nicht in den Romanen vor, die ich für das Finetuning benutzt habe. Und als Figuren, als Charaktere einer Geschichte, sind sie in der Tat eine Erfindung des Systems. Aber später fand ich heraus, dass »Kieferling« wohl einer der vielen Namen des Butterpilzes ist und zumindest irgendwo im oberen Lahntal (Nordflanke) eine 499 Meter hohe Erhebung namens »Teichenkopf« liegt. So steht es in der Wikipedia, und weil sie einen Teil der Trainingsdaten von GPT-J ausmacht, ist es möglich, dass das Modell diese Token in ihrer Auftretenswahrscheinlichkeit bereits gekannt und sie schlicht in einem anderen Kontext gesetzt hat. Aber

auch hier kann ich mir nicht wirklich sicher sein – Blackbox, etc.

[17] Franz Kafka, »Die Sorge des Hausvaters«, in: ders., *Drucke zu Lebzeiten*, Frankfurt a. M. 1996, S. 282–284, hier S. 283.

[18] Außerdem ist ein in allen Sprachmodellen eingebauter Parameter, die »Temperatur«, dafür verantwortlich, dass kein identischer Text produziert wird, sondern auch bei denselben Ausgangsbedingungen immer Abweichungen entstehen.

[19] Der Finetuning-Datensatz besteht aus 17,22 % Glanz, 9,43 % Zange, 14,45 % Groß und 58,90 % Guse. Anfangs habe ich überlegt, ob ich diese Unwucht ausgleichen sollte, aber schließlich beließ ich es dabei. Dass Elemente aller Romane auftauchen, scheint jedenfalls zu zeigen, dass im Finetuning auch kleine Datensätze noch einen Einfluss auf den Output haben. Erstaunlich erschien mir übrigens, wie wenig weibliche Figuren das Modell produzierte und auf welche traditionelle Weise es Liebesbeziehungen schilderte (auch, wenn Eliza – deren Name nicht von mir gewählt wurde – eine KI ist). Die Ursache hierfür wäre wahrscheinlich eher in den »Biases« des Grundmodells zu suchen als bei den Romanen des Finetunings; so eine Feststellung kann Anlass für weitere Fragen an den Text und seine digitale Machart sein.

[20] Natürlich ist Fletchers Begriff von Erzählung übermäßig traditionell. Es gibt ja durchaus Beispiele für narrativ und kausal unzuverlässige Literatur, vor allen den *nouveau roman*. Der Literaturwissenschaftler Frank Kermode

beschrieb ihn als Textform, »in dem der:die Leser:in keine Befriedigung durch vorgetäuschte Zeitlichkeit, vorgetäuschte Kausalität, fälschlich eindeutige Beschreibung, klare Story finden wird. Der ›neue Roman‹ wiederholt sich, zweiteilt sich, verändert sich, widerspricht sich, ohne auch nur genug Masse anzuhäufen, um eine Vergangenheit zu konstituieren – und damit eine ›Geschichte‹ im traditionellen Sinn des Wortes. Dem:der Leser:in wird keine einfache Befriedigung geboten, sondern eine Herausforderung zur kreativen Zusammenarbeit.« Frank Kermode, *The Sense of an Ending. Studies in the Theory of Fiction*, Oxford 1967, S. 19. Was immer ich also an Sinn in *(Berlin, Miami)* erkenne, ist dann eher das Ergebnis meiner schöpferischen Lektüre als wirklich Teil des Textes. Dennoch gilt, was ich über die entspannte Lesehaltung des *ambient reading* im nächsten Absatz sage.

[21] Ich nehme an, so heißt der Erzähler. Jedenfalls legt es der Abschiedsbrief an Lina am Ende nahe (S. 217 f.). Mit Sicherheit weiß ich es natürlich auch nicht.

[22] Tan Lin, *Seven Controlled Vocabularies and Obituary 2004, The Joy of Cooking. Airport Novel Musical Poem Painting Film Photo Landscape*, Middletown, Conn., 2010.

[23] Ilia Shumailov u. a., »The Curse of Recursion. Training on Generated Data Makes Models Forget«, in: *arXiv* (31.5.2023), {arxiv.org/abs/2305.17493}, letzter Zugriff 18.9.2023.

Inhalt

I
(DAS VATERLIEBENDE ERBE
IM SCHLAFSTOLLEN DER ZEIT)

II
(»SCHÖNE PERSON«, „SCHÖNE PERSON“)

III
(IM KINDLICHEN SCHWEBSTAMMELN)

Hannes Bajohr, 1984 in Berlin geboren, ist Autor, Philosoph und Literaturwissenschaftler. Zahlreiche Veröffentlichungen zu Ideengeschichte, politischer Philosophie und Theorien des Digitalen. Mit Gregor Weichbrodt ist er Teil des Textkollektivs 0x0a für digitale konzeptuelle Literatur. Zuletzt erschien im August Verlag *Schreibenlassen. Texte zur Literatur im Digitalen* (2022).

Zweite Auflage Berlin 2023

MSB Matthes & Seitz Berlin Verlagsgesellschaft mbH
Großbeerenstraße 57A | 10965 Berlin
info@rohstoff-literatur.de

Umschlag: Marion Wörle, Berlin
Satz: Tom Mrazauskas, Berlin
Druck: GGP Media GmbH, Pößneck

ISBN 978-3-7518-7013-9

www.matthes-seitz-berlin.de
www.rohstoff-literatur.de

Rohstoff Verlag ist ein Verlagsprojekt von Matthes & Seitz Berlin.

Hannes Bajohr

Schreibenlassen. Texte zur Literatur im Digitalen

224 Seiten | ISBN 978-3-9413-6097-6

Alle Literatur ist heute digital, aber nicht jede weiß darum. Die Frage, in welchem Sinne von digitaler Literatur gesprochen werden kann und was daraus für das Wissen über Literatur und Digitalität folgt, animiert die Beiträge dieses Bandes. In ihnen diskutiert Hannes Bajohr Verwandtschaftsverhältnisse zwischen konzeptueller und programmierter Literatur, skizziert Poetologien und Schreibpraxen und stellt sich der Herausforderung, die Künstliche Intelligenz sowie *machine learning* für das literarische Schreiben darstellen. So dokumentieren die zwischen 2014 und 2021 entstandenen Texte auch die Veränderungen in der Diskussion über Literatur im Digitalen. Sie erheben Einspruch gegen ein »prometheisches Unbehagen«, das die Ersetzung des Menschen durch die Maschine fürchtet und daher die Maschine nur menschlich denken kann.

August Verlag

Hannes Bajohr, Markus Krajewski (Hg.)

Quellcodekritik. Zur Philologie von Algorithmen

Mit Beiträgen von Leah Henrickson, Matthew Kirschenbaum, Mark Marino, Dan Verständig, Tyler Shoemaker, Emily Bender, Timnit Gebru und anderen

ca. 240 Seiten | ISBN 978-3-7518-9020-5

Codes sind besondere Texte: Sie setzen Befehle um, wenn sie ausgeführt werden, und reduzieren Expression auf Direktiven. Sie sind somit mehr und weniger als gewöhnliche Sprache. Zugleich führen sie mit der Möglichkeit zur Kommentierung stets eine Metaebene mit, auf der man sich über ihre Funktionsweise verständigen kann. Daher erfordern sie auch eine besondere Philologie. Die Quellcodekritik, die dieser Band vorstellt, ist der Versuch, Algorithmen zu erschließen, zu interpretieren und sie gegenwärtigen wie zukünftigen Leser*innen zugänglich zu machen. Sie mobilisiert einen Zugriff, der in der Informatik ebenso zu Hause ist wie in der Textkritik.

Philipp Schönthaler

Wie rationale Maschinen romantisch wurden

ca. 180 Seiten | ISBN 978-3-7518-3009-6

Längst hat sich der Gegensatz verschliffen zwischen einer natürlichen Poesie, die den Schreibakt in einem lebensweltlich verankerten Ich beginnen lässt, und einer künstlichen Poesie, die ihn in einer radikalen Abkehr davon an das Funktionsprinzip einer regelgeleiteten und rational operierenden Maschine bindet. Wie aber konnte es dazu kommen, dass die seinerzeit noch raumfüllenden Apparate der Spitzentechnologie, die wenig mit der Kultur der schönen Künste zu tun hatten, zur Blaupause des Schreibens werden konnten? Und was bedeutet es, dass Computer mittlerweile weniger über ihre logisch-mathematischen Funktionsweisen als über ein populärromantisches Muster rezipiert werden? Ausgehend von Daniel Kehlmanns Reise ins Silicon Valley und seinem Versuch, mithilfe einer KI eine Erzählung zu schreiben, zeigt Philipp Schönthaler, wie die Romantik als kulturelles Deutungsschema selbst dort noch ihre Wirkmacht entfaltet, wo die Technik am fortschrittlichsten erscheinen will: in Visionen einer Singularität und Superintelligenz.

Mari Molle

Die Stunde zwischen Hund und Wolf

R09 | 32 Seiten | ISBN 978-3-7518-7008-5

Hund und Kind verbeißen sich ineinander, und was sich in diesem Biss offenbart, ist nichts weniger als die fragile Grenzziehung zwischen Naturbewältigung und Verdrängtem, Ordnung und Chaos, zwischen Mensch und Tier, Fakt und Fiktion. Denn die Domestizierung, so zeigt Mari Molle an den Gattungsrändern spielerisch wandelnd, ist immer nur ein künstlicher Zustand, der der beständigen Kontrolle bedarf – und dem sich auch der Mensch nicht zu entziehen vermag.

Rohstoff × Literatur

Franziska Dehkordy

Alabama 2

R10 | 160 Seiten | ISBN 978-3-7518-7009-2

Nichts ist Alabama, aber Alabama ist. Franziska Dehkordy begibt sich auf Suche und Flucht nach einem Phantom-Ort, Alabama, und formuliert dabei einen fortlaufenden Brief, gerichtet an das Du. Eine Ansprache, die sich am Rudimentären der Sprache abarbeitet. Texte in Form von Postkarten, die Erfahrung, Traum, Wunsch und Schmerz verhandeln und in nicht zwingender Reihenfolge zueinander stehen. Sie ringen nach Atem zwischen Arbeitsalltag, Auskultation, Gartenstudien, Verlangen und teils alpträumerischer Nacht. Und »vielleicht könnte das Ziel sein, einmal nicht wegzugehen«.

Rohstoff × Literatur

Daniel Arkadij Gerzenberg

WIEDERGUTMACHUNGSJUDE

R11 | 144 Seiten | ISBN 978-3-7518-7010-8

Protokoll eines Missbrauchs, Dokumentation eines Heilungsprozesses – als Verkörperung der Migration im »Übehaus« aufgewachsen, wo der Traum, Pianist zu werden, von dem Wunsch abgelöst wird, den Steinway-Flügel zu zertrümmern, probiert sich das autofiktionale lyrische Ich an Rebellion – sei es durch Ladendiebstahl, sei es durch Sex mit einer Gojte. Vermittler zwischen familiären Ansprüchen und jugendlichem Zorn wird ihm dabei der Kinderarzt, der sich über Jahre zum immer wichtigeren Teil in Daniels Leben macht, bis schließlich zu jener Nacht, in der »alles an freundschaft und poesie das zwischen uns lebt« infrage gestellt wird. Daniel Arkadij Gerzenberg erzählt in Versen voll bestechender Offenheit davon, wie sich jemand das ihm entgegengebrachte Vertrauen zunutze macht, davon, wie es ist, wenn plötzlich nichts mehr unbelastet ist und frei von »seinem blick«, vor allem aber davon, wie Literatur zum Richterhammer werden kann, der ins Recht setzt, was die Wirklichkeit verwehrt.

Rohstoff × Literatur

Nasima Sophia Razizadeh

Sprache und Meer

R12 | 96 Seiten | ISBN 978-3-7518-7012-2

Dem Meer als Grenze des Landes oder als dessen Entgrenzung, als ein Mehr, das Verlust und Gewinn zugleich mit sich bringt, steht man mit Neugierde und Ehrfurcht, mit verspielter Vertrautheit und überwältigender Befremdung gegenüber – und nicht anders der Sprache. Eingetaucht verliert man hier wie dort unter den Füßen den Boden, bewegt sich regelrecht traumhaft, und es gleicht einem Wunder und jähen Erwachen, wenn die Rückkehr ans Festland dennoch gelingt. Nasima Sophia Razizadehs Texte in *Sprache und Meer* kommen immer wieder auf die Sprache zurück, kehren immer wieder ans Meer zurück, wagen sich hinein und hinaus, verschreiben sich dem Text- wie Wasserkörper, setzen sich den Gezeiten aus und untertauchen Gattungsgrenzen. Was schließlich auftaucht, sind Erzählungen und Dichtungen, Mären und solche Texte, die all das, die Chimären sind. Denn im Schreiben, in der Sprache und im Blick auf die Sprache, zeigt sich, geht es immer um mehr, geht es um einen Überschuss, der über sich hinausweist auf anderes, auf den Anderen und nicht anders als sprachlich eingeholt werden kann.

Rohstoff × Literatur